용선생 교과서 한국사 문제와 논술

용선생

교과서

한국사Q

선사 시대부터 조선 전기까지

사회평론

용선생 교과서 한국사Q 1

1판 1쇄 발행 2020년 12월 1일
1판 6쇄 발행 2024년 10월 25일

글   송용운, 김형겸, 정윤희, 이지은
그림   뭉선생, 윤효식
캐릭터   이우일
어린이사업본부 이승필
편집   송용운, 김형겸, 오영인
마케팅   윤영채, 정하연, 안은지
경영지원   나연희, 주광근, 오민정, 정민희, 김수아, 김승현
디자인   박효영
표지 디자인 Kafieldesign
조판 디자인 디자인서가
사진   북앤포토

펴낸이   윤철호
펴낸곳   (주)사회평론
전화   02-326-1182
팩스   02-326-1626
주소   03993 서울시 마포구 월드컵북로6길 56 사평빌딩
용선생 클래스 yongclass.com
출판 등록   1993년 10월 6일 제10-876호

© 사회평론, 2020

ISBN 979-11-6273-139-0 63900
ISBN 979-11-6273-141-3 (세트)

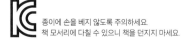
종이에 손을 베지 않도록 주의하세요.
책 모서리에 다칠 수 있으니 책을 던지지 마세요.

저자 소개

글 송용운 | 사회평론 역사연구소 연구원

연세대학교에서 경제학을 공부하고, 같은 학교 대학원에서 한국사(고려 시대사)를 전공했습니다.
명지대학교 등에서 강의하면서 '교육'에 대해 고민하기 시작했습니다.
사회평론 역사연구소 연구원으로『용선생의 시끌벅적 한국사』,『용선생 만화 한국사』,
『용선생 처음 한국사』,『용선생 교과서 한국사』(이상 공저)를 썼습니다.

글 김형겸 | 사회평론 역사연구소 연구원

고려대학교에서 역사교육을 공부하고, 현장에서 초등·중등 역사를 가르쳤습니다. 아이들이 역사를
즐길 수 있도록 쉽고 재미있는 이야기를 쓰고 싶습니다.『용선생이 간다』(공저)를 썼습니다.

글 정윤희

연세대학교 대학원에서 한국사(조선 시대사)를 전공하고,『한국대학신문』기자로 활동했습니다.
아이들이 역사를 통해 삶의 지혜를 길러 나갈 수 있도록 쉽고 재밌는 역사책을 만들고 있습니다.
『용선생의 시끌벅적 한국사』,『용선생 만화 한국사』,『용선생 처음 한국사』,『용선생 교과서 한국사』
(이상 공저)를 썼습니다.

글 이지은

서울여자대학교에서 사학과 국어국문학을 공부하면서 어린이가 재미있게 볼 수 있는 역사책을
만드는 데 관심을 가지게 되었습니다. 어른이 되어서도 기억나는 어린이의 인생 책을 만들기
위해 노력하고 있습니다. 학습지『장원 한국사』를 기획하고 썼습니다.

그림 뭉선생

2006년 LG·동아 국제 만화 공모전 극화 부문 당선으로 작품 활동을 시작하였습니다.
『우주를 여는 열쇠』,『용선생 만화 한국사』,『용선생 처음 한국사』,『용선생 교과서 한국사』등을 그렸습니다.

그림 윤효식

2002년「신검」으로 데뷔,「영혼기병 나이트」로 소년잡지에 연재를 시작하였습니다.『교과서 속의 살아있는 수학 박물
관』,『마법천자문 사회원정대』,『용선생 만화 한국사』,『용선생 처음 한국사』등을 그렸습니다.

검토 및 추천 (가나다 순)

다년간 아이들에게 우리 역사와 독서 논술을 가르쳐 온 선생님들이 이 책을 검토하고 추천해 주셨습니다.
강보민 선생님(해밀독서연구소 소장), 강세희 선생님(울산 생생 역사 논술 디베이트),
김현진 선생님(국립서울현충원 현장학습 강사), 배성현 선생님(아카데미창 논술국어학원 송도국제도시점 부원장),
변규리 선생님(라별에듀, 초중등 역사 논술), 양윤희 선생님(토론하는아이들 대구혁신),
이수미 선생님(타박타박 교사 모임), 이혜숙 선생님(글고은 독서논술 원장),
정해연 선생님(책봄논술 원장), 진경남 선생님(명륜 독서논술 공방).

캐릭터 이우일

이 책의 캐릭터는 이우일 작가가 그린『용선생의 시끌벅적 한국사』의 그림입니다.

이 책은 한국사 내용을 확인하고 논술형 문제까지 대비하려는 친구들을 위해 준비했어. 이 책만 읽으면 교과 내용은 물론 중학교의 역사 논술 문제도 거뜬하게 해결할 수 있을걸? 지금부터 이 책의 활용 방법을 소개할게!

들어 가기

오늘의 핵심 질문!

오늘 배울 내용이 궁금해? 오늘의 핵심 질문 에서 확인해 봐!
각 장마다 4개의 핵심 질문을 두었어. 이 질 문은 마치 오늘 수업의 내비게이션과 같은 거야. 어떤 사건을 배우고, 무엇을 기억해야 할지 알려 주지.

STEP 1

키워드 확인하기

수업에서 꼭 알고 가야 할 오늘의 키워드! 용 선생님이 깐깐하게 골랐어. 역사반 친구들 과 대화를 나누다 보면 역사 용어를 쉽게 이 해하고 기억할 수 있을 거야.

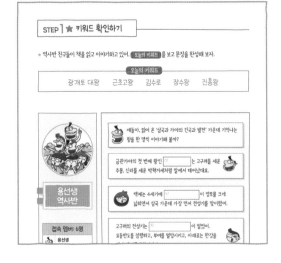

STEP 2 핵심 문제 풀기

'오늘의 키워드'를 확인했으면 핵심 문제로 실력을 다져 보자! 틀린 부분 고르기, 빈칸 채우기, 사건 순서 맞추기 등 다양한 문제를 풀다 보면 한국사의 주요 내용들이 빠짐없이 정리될 거야.

STEP 2 ★ 핵심 문제 풀기

01 고조선의 문화 범위를 알려 주는 문화유산으로 알맞은 것을 모두 골라 보자.

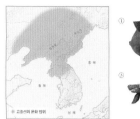 

STEP 3 생각하며 글쓰기

역사 글쓰기는 어렵지 않냐고? 아니야! 꼼꼼히만 읽으면 지문 속에 답이 있는 걸 발견하게 될 거야. 지문의 도움을 받아 너의 생각을 펼쳐 봐. 어느새 중학교 역사 논술도 뚝딱 해결될 거야.

STEP 3 ★ 생각하며 글쓰기

＊ 다음은 조선의 중앙 정치 제도에 대한 글이야. (가), (나)의 이야기를 읽고 물음에 알맞은 글을 써 보자.

(가) # 의정부 내부

우의정: 어허, 공조에서 전하의 명령대로 새로 지을 *별궁의 위치를 정하게 보고하였다고 합니다. 올해는 흉년이 들어 새로 궁궐을 짓기에 좋은 때가 아니지 않습니까?

영의정: 전하께서 하고 싶으신 대로만 나랏일이 정해지는 게 아닌가 싶소.

좌의정: 업무를 보고하는 방식이 바뀔 때부터 이미 예상했던 일이 아닙

별궁 특별히 따로 지은 궁궐을 말함.

한국사능력검정시험 도전!

최근 출제된 한국사 능력 검정 시험 문제를 엄선했어. STEP 1, 2, 3를 거치며 쌓였을 한국사 실력을 시험해 볼 기회야!

QR 코드를 검색하세요!

▶ 용선생 클래스
yongclass.com

교재 활용을 위한
선생님 가이드 제공!

★ 차례

1
고대의 여러 나라

교과서 단원

초등 사회[3-2]
2. 시대마다 다른 삶의 모습

초등 사회[5-2]
1-1. 나라의 등장과 발전

중학 역사②
Ⅰ. 선사 문화와 고대 국가의 형성
Ⅱ. 남북국 시대의 전개

2

민족 문화를
발전시킨 고려

교과서 단원

초등 사회[5-2]
1-2. 독창적 문화를 발전시킨 고려.

중학 역사②
III. 고려의 성립과 변천

3

조선의
건국과 발전

교과서 단원

초등 사회[5-2]
1-3. 민족 문화를 지켜 나간 조선

중학 역사②
IV. 조선의 성립과 발전

1 고대의 여러 나라

교과 연계
초등 사회(3-2) 2. 시대마다 다른 삶의 모습
초등 사회(5-2) 1-1. 나라의 등장과 발전
중학 역사② Ⅰ. 선사 문화와 고대 국가의 형성
　　　　　　Ⅱ. 남북국 시대의 전개

강화 부근리 고인돌
청동기 시대 군장의
무덤이야. 우리나라의
강화, 고창, 화순
지역에는 고인돌이
많이 남아 있어.
사적.

| 70만 년 전
한반도에서
구석기 시대 시작 | 기원전 2333년
고조선 건국
(『삼국유사』) | 기원전 57년~
기원후 42년
삼국과 가야 건국 | 676년
신라의
삼국 통일 | 698년
발해 건국 | 751년
불국사와 석굴암
건설 시작 | 828년
청해진 설치 | 고려 |

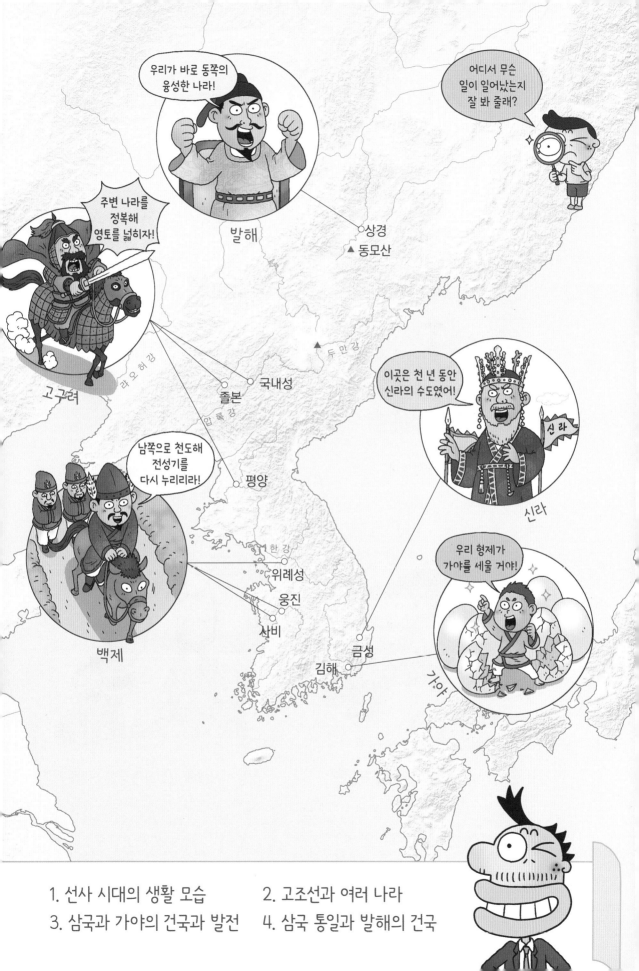

1. 선사 시대의 생활 모습

독서 연계 용선생 교과서 한국사 1_12~29쪽

 오늘의 핵심 질문!

역사란 무엇일까?

구석기 시대에는 도구를 어떻게 만들었을까?

신석기 시대에 달라진 생활 모습은?

청동기 시대에 군장이 등장한 까닭은?

70만 년 전
한반도에서
구석기 시대 시작

1만 년 전
신석기 시대 시작

기원전 2000
청동기 시대 시작

STEP 1 ★ 키워드 확인하기

★ 역사반 친구들이 책을 읽고 이야기하고 있어. 오늘의 키워드 를 보고 문장을 완성해 보자.

오늘의 키워드

간석기   농사   뗀석기   역사   청동기

용선생 역사반

접속 멤버: 6명

용선생
역사 수업 시작!

장하다
역사란 무엇인가.
T.H.장

왕수재
<모집> 뗀석기 원정대!

나선애
구·뗀! 신·간! 이게 뭐게?

허영심
뼈바늘로 옷 만들기,
도전~☆

곽두기
딸랑딸랑♪청동 방울
의 신비한 소리!

역사 수업 첫 시간! 읽어 온 '선사 시대의 생활 모습' 가운데 생각나는 것을 한 가지씩 이야기해 볼까?

[㉠   ] 는 과거에 있었던 사실을 뜻하는 '사실로서의 역사'와 역사가가 의미 있다고 여겨 기록한 '기록으로서의 역사' 두 가지 뜻이 있어요.

아주 먼 옛날 구석기 시대 사람들은 돌을 쪼개고 떼어 낸 [㉡   ] 를 만들어 사용했어.

또 구석기 시대 사람들은 동굴이나 바위 그늘에 옮겨 다니며 살았지!

사람들은 차츰 돌을 갈아서 만든 [㉢   ] 를 사용했는데, 이 시대를 신석기 시대라고 해! 이때 사람들은 강이나 바닷가에 움집을 짓고, 콩, 조, 수수 등을 [㉣   ] 지으며 살았어!

도구가 발전하면서 구리와 주석을 섞어 만든 청동을 도구로 사용했는데, 이 시대를 [㉤   ] 시대라고 해요. 이때 계급이 생기면서 군장이 많은 사람을 다스렸어요.

01 ㉠~㉢에 들어갈 단어로 알맞은 것을 각각 써 보자.

> 인류의 역사는 유물과 유적만 남아 있는 선사 시대와 문자로 쓰인 기록이 있는
> ㉠ ○○ 시대로 나뉘어.
>
> 도구 쓰임에 따라 선사 시대도 구분하는데 뗀석기를 사용한 시대를 ㉡ ○○○
> 시대, 간석기를 사용한 시대는 ㉢ ○○○ 시대라고 불러.

㉠ _____   ㉡ _____   ㉢ _____

02 밑줄 친 '이 시대' 사람들의 생활 모습으로 알맞은 것을 모두 찾아 보자.   (   )

> 이 시대의 사람들은 동굴이나 바위 그늘에 무리 지어 살았어. 식량이
> 떨어지면 먹을거리를 찾아 옮겨 다니며 생활했지.

① 슴베찌르개로 짐승을 사냥함.

② 불을 피워 추위를 견뎠음.

③ 콩, 조, 팥 등을 농사지음.

④ 돌을 떼어 내 만든 뗀석기를 사용함.

⑤ 군장의 무덤인 고인돌을 만듦.

03 역사반이 영화를 촬영한대. 영화의 제목을 보고 필요한 소품에 <u>모두</u> ◯해 보자.

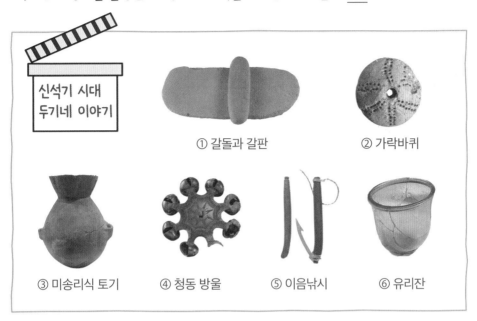

신석기 시대
두기네 이야기

① 갈돌과 갈판   ② 가락바퀴

③ 미송리식 토기   ④ 청동 방울   ⑤ 이음낚시   ⑥ 유리잔

04 신석기 시대 생활에 대해 정리했어. ㉠~㉣ 가운데 <u>틀린</u> 부분을 찾아 기호를 쓰고, 바르게

고쳐 써 보자.

신석기 시대의 생활

· ㉠ 간석기를 사용함.
· ㉡ 동굴이나 바위 그늘에 살았음.
· ㉢ 콩, 조, 수수 등을 농사지어 먹고 삶.
· ㉣ 한곳에 정착해 살았음.

(1) 틀린 부분

_____

(2) 바르게 고쳐 쓴 내용

_____

_____

05 다음의 유물(유적)이 만들어진 시대의 사람들의 생활 모습으로 알맞지 <u>않은</u> 것은? (   )

◀ 강화 부근리
고인돌

① 노예에게 일을 시키는 주인
② 청동 호미를 이용해 농사짓는 마을 사람
③ 청동 방울을 들고 제사를 지내는 군장
④ 청동 검을 들고 이웃 마을에 쳐들어가는
군장의 부하

06 각 시대에 대한 설명을 읽고, 그 시대에 해당하는 유물을 연결해 보자.

(1) 사람 사이에 계급
이 발생한 시대

•   •

㉠ 슴베찌르개

(2) 농사와 목축으로
정착 생활을 시작한
시대

•   •

㉡ 빗살무늬 토기

(3) 돌을 떼어 내어
도구로 사용하던
시대

•   •

㉢ 비파형 동검

STEP **3** ★ 생각하며 글쓰기

★ 다음은 선사 시대 친구들 로로와 노리의 일기야. (가), (나)의 이야기를 읽고 물음
에 알맞은 글을 써 보자.

(가) 로로의 일기 〈제목: 삼촌이 깨어난 날〉

의식 없이 누워만 있었던 삼촌이 드디어 깨어났다. 우리는 며칠간 굶어
힘이 하나도 없었지만 모두 얼싸안고 춤을 췄다. 나는 너무 기뻐 동굴 구
석에서 눈물만 흘렸다.

삼촌은 우리가 먹을거리가 떨어져 사는 곳을 이동할 때마다 앞장서서
살 만한 바위 그늘이나 동굴을 찾았었다. 이번에도 살 만한 곳을 찾아보
겠다며 떠났던 삼촌은 하얀 눈이 내리던 날 눈밭에 시뻘건 피를 뚝뚝 흘
리며 돌아왔다. 동굴에서 곰의 습격을 받은 것이다.

할아버지는 오늘만큼은 사냥에 성공해 삼촌에게 고기를 먹게 해 주자
며 소리쳤다. 우리는 지시에 맞춰 멧돼지를 구석으로 몬 뒤, 돌을 떼어
내 만든 도구로 마구 찔러 잡았다. 잡은 멧돼지를 둘러 메고 삼촌이 있는
동굴로 가면서 멧돼지 가죽으로 만든 옷을 삼촌에게 선물해야지 마음먹
었다.

(나) 노리의 일기 〈제목: 평범한 하루〉

오랜만에 늦잠을 자던 나는 엄마가 움집 밖에서 고래고래 외치는 소리
에 잠을 깨고 말았다. 우리가 농사지은 수수를 새들이 와서 쪼아 먹고 있
었기 때문이다.

엄마는 내가 한 달간 돌을 갈아 만든 도구를 새를 향해 집어던졌다. 하
지만 새는 쪼르르 날아가 버렸고 괜히 곡식을 담아 둔 토기인 그것만 깨
져 버렸다. 엄마는 아주 화가 났는지 그 조각을 집어 움집 앞 강가에 내
던졌다.

밥을 먹고 옆집 아주머니에게 가락바퀴와 뼈바늘을 사용해 옷을 만드는 방법을 배웠다. 내 친구 서라도 같이 배웠는데, 옆에서 아빠에게 선물 받은 조개껍데기 목걸이를 자랑해 짜증이 났다.

집에 돌아와 마을에서 키우는 돼지에게 먹이를 듬뿍 주었다. 이 돼지는 우리가 야생의 멧돼지를 길들여 키우는 것이다. 지난달에 10마리의 새끼를 낳았는데 얼른 돼지를 포동포동하게 키워 잡아먹고 싶다.

01 (가), (나)의 일기를 읽고 표의 빈칸을 채워 보자.

	(가) 로로의 일기	(나) 노리의 일기
의생활	가죽으로 옷을 만들어 입음.	㉠
식생활	㉡	농사나 목축으로 먹을거리를 얻음.
주생활	동굴이나 바위 그늘에서 살았음.	㉢
사용한 도구	㉣	돌을 갈아 만든 도구.

02 (가), (나)의 일기를 썼던 시대를 각각 적어 보고, 밑줄 친 '그것'이 무엇인지

써 보자.

    ① (가) 시대: _____

    ② (나) 시대: _____

    ③ (나)의 '그것': _____

03 (나)의 일기를 쓴 노리가 되어 (가)의 로로에게 편지를 써 보자. 단, (가)와

(나) 시대의 의식주 등 생활 모습을 비교해서 써 보자.

로로에게

_____

_____

_____

_____

_____

_____

_____

얼른 포동포동하게
키워야지!

                               노리가 씀.

01 40회 초급

다음 축제에 전시되는 유물로 옳은 것은?

구석기 시대의 흔적을 찾아서
- 지역: 경기도 일대
- 유적 및 유물 사진

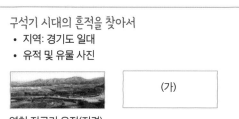

연천 전곡리 유적(전경)　　　　(가)

① 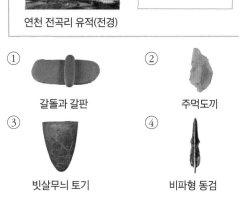 갈돌과 갈판

② 주먹도끼

③ 빗살무늬 토기

④ 비파형 동검

02 44회 중급

(가) 시대의 생활 모습으로 옳은 것은?

이것은 (가) 시대의 대표적인 유물인 주먹도끼가 출토된 공주 석장리 유적의 발굴 당시 모습입니다. 이 유적에 대해 이야기해 볼까요?

남한에서 처음으로 발견된 (가) 시대 유적이에요.

양날 찍개, 긁개 등의 뗀석기도 출토되었어요.

① 가락바퀴를 이용하여 실을 뽑았다.

② 빗살무늬 토기에 식량을 저장하였다.

③ 반달 돌칼을 사용하여 벼를 수확하였다.

④ 주로 동굴에 살면서 사냥과 채집을 하였다.

03 43회 중급

(가) 유물이 처음 사용된 시대의 생활 모습으로 옳은 것은?

(가)

이 토기는 밑이 뾰족하여 강가나 바닷가의 모래나 흙에 고정할 수 있었으며, 식량 저장과 운반, 조리 등에 사용되었습니다.

① 농경과 목축이 시작되었다.

② 주로 동굴이나 막집에서 살았다.

③ 대표적인 무덤으로 고인돌을 만들었다.

④ 거푸집을 이용해 청동 도끼를 제작하였다.

04 36회 초급

(가)에 들어갈 내용으로 옳은 것은?

조사 보고서

1. 주제: 신석기 시대 사람들의 생활
2. 내용
 - 움집을 지어 정착 생활을 하였다.
 -　　　　　(가)
3. 유물 및 유적

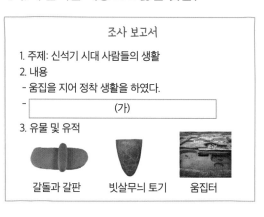

갈돌과 갈판　　　빗살무늬 토기　　　움집터

① 철제 무기를 사용하였다.

② 청동으로 장신구를 제작하였다.

③ 가락바퀴를 사용하여 실을 뽑았다.

④ 지배자의 무덤으로 고인돌을 만들었다

05 47회 기본

(가) 시대에 처음 제작된 유물로 옳은 것은?

농경과 정착 생활이 시작된 [(가)] 시대의
생활 모습에 대해 대화창에 올려 주세요.
ㄴ 움집을 짓고 살았어요.
ㄴ 가락바퀴를 이용하여 실을 뽑았어요.

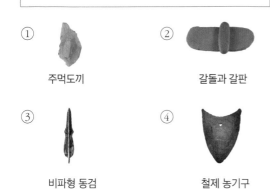

① 주먹도끼
② 갈돌과 갈판
③ 비파형 동검
④ 철제 농기구

06 34회 초급

선생님의 질문에 대한 학생의 대답으로 가장
적절한 것은?

07 32회 중급

다음 체험 행사의 프로그램으로 적절하지 <u>않은</u>
것은?

○○○ 시대 체험 행사

우리 박물관에서는 사유 재산과 계급이 발생한
○○○ 시대의 생활을 체험할 수 있는 다양한 프
로그램을 준비했습니다. 여러분의 많은 참여 부
탁드립니다.
• 기간: 2020년 △△월 • 장소: □□ 박물관

① 철제 쟁기로 밭 갈기
② 고인돌의 덮개돌 끌기
③ 반달 돌칼로 이삭 자르기
④ 비파형 동검 모형 제작하기

08 39회 중급

(가) 시기에 처음 제작된 유물로 옳은 것은?

[(가)] 시대 전시관

• 개관
벼농사가 보급되고 농업 생산력이 향상되었
다. 이로 인해 계급이 발생하고, 지배층의 무
덤인 고인돌이 만들어졌다. 대표적인 유적
지로는 송국리 유적지가 있다.

①
②
③
④

2. 고조선과 여러 나라

독서 연계 용선생 교과서 한국사 1_30~47쪽

오늘의 핵심 질문!

단군왕검 이야기의 숨겨진 진실은?

고조선 사람들은 어떻게 살았을까?

고조선이 발전할 수 있었던 까닭은?

철기를 바탕으로 생겨난 여러 나라는?

기원전 2333	기원전 5세기	기원전 2세기 초	기원전 108
단군왕검, 고조선 건국(『삼국유사』)	고조선에 철기 전래	위만, 고조선 왕 즉위	고조선 멸망

★ 역사반 친구들이 책을 읽고 이야기하고 있어. (오늘의 키워드)를 보고 문장을 완성해 보자.

오늘의 키워드

단군왕검 부여 위만 철기 8조의 법

용선생 역사반

접속 멤버: 6명

 용선생
우리나라 최초의 국가 탄생!

 허영심
21일의 기적!

 나선애
단군왕검은 단 한 명이 었을까?

 왕수재
3개 조항만봐도 알 수 있지!

 곽두기
믿는 도끼에 발등, 쿵!

 장하다
나라마다 풍습이 달랐지!

 우리 역사의 첫 나라 등장! 읽어 온 '고조선과 여러 나라' 가운데 생각나는 것을 한 가지씩 이야기해 볼까?

 환웅과 웅녀 사이에서 태어난 ⓐ _____ 이 고조선을 세우고 1,500년 간 나라를 다스렸대요.

사실 단군왕검의 이름은 하늘에 제사를 올리는 제사장 '단군'과 나라를 다스리는 지도자 '왕검'을 뜻하지.

 고조선은 매우 엄격한 'ⓑ _____ '이 있던 사회야. 사람을 죽인 자를 사형에 처하기도 했어.

ⓒ _____ 은 준왕을 몰아내고 고조선의 왕이 되었어요. 이후 고조선은 중국의 철기 문화를 적극적으로 받아들여 크게 발전했지요.

 고조선 이후 만주와 한반도에는 ⓓ _____ 가 널리 보급되었어. 이를 바탕으로 여러 나라가 나타났는데 만주에는 ⓔ _____ 와 고구려가, 한반도에는 옥저, 동예, 삼한이 등장했지.

01 고조선의 문화 범위를 알려 주는 문화유산으로 알맞은 것을 <u>모두</u> 골라 보자.

(   )

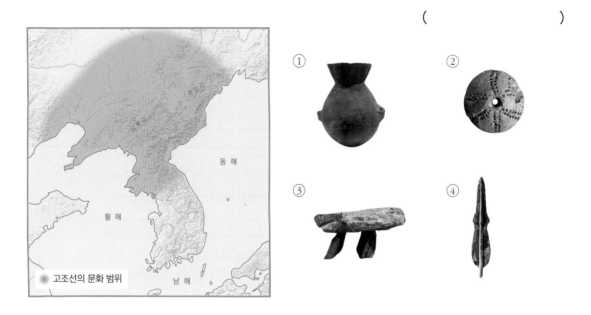

① 고조선의 문화 범위

02 밑줄 친 부분에 담긴 의미로 알맞은 것은 무엇일까?　　　　　　　(　　)

> 환웅은 곰과 호랑이에게 100일 동안 동굴에서 햇빛을 보지 않고 쑥과 마늘만 먹으면 사람이 될 수 있을 것이라고 했다. 곰은 끈기 있게 이것을 따랐지만 호랑이는 참지 못하고 뛰쳐나갔다. 마침내 곰은 끈기 있게 참아 내어 21일 만에 여자가 되었다. 사람이 된 <u>웅녀는 환웅과 결혼하여 아들을 낳았는데,</u> 그 아들이 단군왕검이다.
>
> 일연의 『삼국유사』 중에서

① 곰을 섬기는 부족이 환웅 부족과 연합했다.

② 곰을 섬기는 부족이 독자적으로 나라를 세웠다.

③ 호랑이를 섬기는 부족이 환웅 부족에게 승리했다.

④ 호랑이를 섬기는 부족이 곰을 섬기는 부족과 힘을 합쳤다.

03 그림에서 알 수 있는 고조선 사람들의 생활 모습으로 알맞지 <u>않은</u> 것은 무엇일까? (   )

① 화폐의 개념이 있었다.

② 개인의 재산을 인정했다.

③ 모든 사람의 신분이 평등했다.

④ 죄를 법으로 엄격하게 다스렸다.

04 다음의 자기 소개서를 보고 빈칸에 알맞은 단어를 채워 보자.

자기 소개서		
	이름	㉠ [ ]
	특징	연나라에서 망명함.
	가족	우거왕을 손자로 둠.

주요 경력
1. 1,000여 명의 사람들을 이끌고 고조선으로 옴.
2. 고조선의 준왕을 쫓아내고 왕이 됨.
3. 중국의 ㉡ [   ] 문화를 적극 받아들여 고조선을 발전시킴.

05 고조선에 이어 생긴 여러 나라야. ㉠, ㉡에 해당하는 나라의 이름을 써 보자.

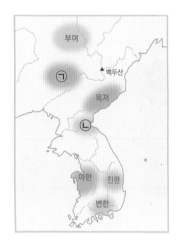

㉠ _____

㉡ _____

06 각 나라의 풍습을 나타낸 그림이야. 나라와 풍습이 바르게 연결된 것은 무엇일까?

(   )

① 고구려 - 순장

② 부여 - 민며느리제

③ 옥저 - 데릴사위제

④ 삼한 - 소도

★ 다음은 여러 나라의 제천 행사에 관한 글이야. (가), (나)의 이야기를 읽고 물음에 알맞은 글을 써 보자.

(가)

부여는 12월이 되면 하늘에 제사를 지낸다. 이때 모두가 모여 연일 마시고 먹고 노래하고 춤을 췄는데 이를 영고라고 한다. 이때 부여는 죄인에게 벌을 내리는 것과 감옥살이를 중단하고, 죄수를 풀어 주었다.

『삼국지』

고구려는 10월에 하늘을 향해 제사를 지내고 대회를 열었는데 이를 동맹이라 한다. 고구려의 동쪽에 *대혈이 있는데 *수신이라 부르고, 역시 10월로서 맞아서 제사한다.

『후한서』

> 대혈 고구려 국내성 동쪽에 있던 큰 동굴을 말해.

> 수신 고구려에서 모시던 신을 말해.

동예는 해마다 10월이면 하늘에 제사를 지내고 밤낮으로 술 마시며 노래를 부르고 춤을 추니 이를 무천이라고 한다. 또 호랑이를 신으로 여겨 제사를 지낸다.

『후한서』

삼한은 해마다 5월이면 씨 뿌리기를 마치고 신에게 제사를 지낸다. 떼를 지어 모여서 노래와 춤을 즐기며 노는데 밤낮을 가리지 않는다. 그들의 춤은 수십 명이 모두 일어나서 뒤를 따라가며 땅을 밟고 구부렸다 치켜들었다 하면서 손과 발로 서로 장단을 맞추는데, 그 가락과 율동은 중국의 *탁무와 비슷하다. 10월에 농사일을 마치고 나서도 이렇게 한다.

『삼국지』

> 탁무 고대 중국에서 만들어진 춤으로 탁(큰 방울)을 쥐고 추던 춤이야.

(나)

　고조선이 멸망한 뒤 생긴 여러 나라들은 농사가 잘되기를 바라는 마음으로 제천 행사를 지냈다.

　제천 행사는 부여를 제외하고 대부분 추수가 끝나는 10월에 있었는데, 제천 행사가 곡식 수확에 대한 감사의 의미로 이뤄졌음을 알 수 있는 부분이다. 부여의 제천 행사는 12월에 있었는데, 12월은 수렵이 본격적으로 시작되는 시기로 부여가 수렵의 전통을 간직했기 때문으로 보인다.

　제천 행사는 농업과 나라의 발전을 기원하기 위한 제사였지만, 나라의 모든 사람이 밤낮으로 노는 축제이기도 했다. 여러 나라의 지배자들은 온 나라 사람들이 축제를 통해 서로의 갈등을 해결해 나라의 통합이 강화되기를 바라는 마음으로 제천 행사를 열었다.

01 (가)를 읽고 부여, 고구려, 동예, 삼한의 제천 행사를 표로 정리해 보자.

	부여	고구려	동예	삼한
제천 행사	㉠	동맹	㉡	계절제
열리는 달	12월	㉢	10월	㉣
특징	㉤	㉥	제사를 지내고 술 마시며 노래를 부르고 춤을 춘다.	신에게 제사를 지내고 노래와 춤을 춘다.

02 (나)를 읽고 여러 나라들이 제천 행사를 한 까닭을 써 보자.

_____

_____

03 삼한의 군장이 되어 마을 사람들에게 제천 행사에 참여하라는 글을 쓰려고 해. 아래의 빈칸을 채워 안내문을 완성해 보자.

제천 행사 개최 안내문

지난 5월에 이어 이번 10월에도 제천 행사를 개최할 예정입니다. 그 어느 때보다 풍성한 축제가 될 예정이니 많은 참여 부탁드립니다.

■ 프로그램 소개

곡식 수확에 대한 감사의 의미를 담아 제사를 지내고,

_____

_____

■ 기대되는 효과

_____

_____

_____

내년에도 풍년이 되게 해 주세요, 얼쑤!

01 44회 초급

밑줄 그은 '이 나라'에 대한 설명으로 옳은 것은?

① 8조법으로 백성을 다스렸다.
② 낙랑과 왜에 철을 수출하였다.
③ 신분 제도인 골품제가 있었다.
④ 혼인 풍습으로 민며느리제가 있었다.

02 35회 초급

다음 대화 속의 나라에 대한 설명으로 옳은 것은?

① 청동기 문화를 배경으로 등장했다.
② 불교를 수용하였다.
③ 소도라는 신성 지역이 있었다.
④ 낙랑과 왜에 철을 수출하였다.

03 41회 초급

(가) 국가에 대한 설명으로 옳은 것은?

> ### 역사 탐구 학습 안내
>
> • 주제 : 　(가)　 의 정치와 사회, 문화
> • 방법 : 문헌 조사, 인터넷 검색 등
> • 모둠별 탐구 내용
> 　- 1모둠 : 단군왕검을 통해 본 제사장의 역할
> 　- 2모둠 : 미송리식 토기를 통해 본 문화
> 　- 3모둠 : 8조법을 통해 본 사회 모습

① 위례성을 도읍으로 하였다.
② 영고라는 제천 행사를 열었다.
③ 골품제라는 신분 제도가 있었다.
④ 건국 이야기가 삼국유사에 실려 있다.

04 36회 초급

다음의 건국 이야기가 전해지는 나라에 대한 설명으로 옳은 것은?

> 장면 1 : 하늘에서 내려오는 환웅과 그 일행
> 장면 2 : 마늘과 쑥을 먹는 곰과 호랑이
> 장면 3 : 나라를 다스리는 단군왕검

① 우리나라 최초의 국가이다.
② 소도라는 신성 구역이 있었다.
③ 영고라는 제천 행사가 있었다.
④ 엄격한 신분 제도인 골품제가 있었다.

05 26회 초급

(가) 나라에 대한 설명으로 옳지 <u>않은</u> 것은?

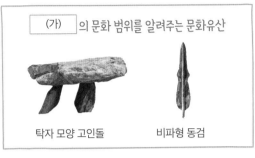

(가) 의 문화 범위를 알려주는 문화유산

탁자 모양 고인돌   비파형 동검

① 8조법이 있었다.
② 화랑도를 조직하였다.
③ 단군왕검에 의해 건국되었다.
④ 청동기 문화를 바탕으로 성장하였다.

06 21회 중급

(가) 국가에 대한 설명으로 옳은 것을 **보기** 에서 고른 것은?

원봉 3년 여름, 니계상 참이 사람을 시켜 우거왕을 죽이고 항복해 왔지만, 왕검성은 함락되지 않았다. 죽은 우거왕의 대신 성기가 한나라에 저항하였다. … 성기가 주살당하니, 이로써 마침내 (가) 을/를 평정하고 4군을 세웠다.

보기

ㄱ. 천군이 다스리는 소도라는 신성한 지역이 있었다.
ㄴ. 위만이 왕위에 오른 후 철기 문화가 본격화되었다.
ㄷ. 남의 물건을 훔쳤을 때는 12배로 갚는 법이 있었다.
ㄹ. 한과 진국 사이에서 중계 무역으로 많은 이익을 얻었다.

① ㄱ, ㄴ   ② ㄴ, ㄷ
③ ㄴ, ㄹ   ④ ㄷ, ㄹ

07 28회 초급

다음 자료를 읽고 학생들이 나눈 대화 내용으로 적절하지 <u>않은</u> 것은?

8조법
• 사람을 죽인 자는 사형에 처한다.
• 남을 다치게 한 자는 곡식으로 갚아야 한다.
• 도둑질을 한 자는 노비로 삼는다. 용서를 받으려면 50만 전을 내야 한다.

① 형벌 제도가 있었어.
② 계급이 없는 평등한 사회였지.
③ 사유 재산을 인정하고 있었어.
④ 농사를 짓는 사회였지.

08 25회 초급

(가) ~ (다)의 위치에 있었던 나라 이름으로 옳은 것은?

◀ 고조선 이후에 나타난 여러 나라

	(가)	(나)	(다)
①	동예	부여	진한
②	부여	동예	진한
③	부여	진한	동예
④	진한	부여	동예

3. 삼국과 가야의 건국과 발전

독서 연계 용선생 교과서 한국사 1_48~69쪽

 오늘의 핵심 질문!

삼국과 가야를 세운 왕은 누구일까?

삼국은 힘을 키우기 위해 어떤 노력을 했을까?

고구려, 백제, 신라의 전성기를 이끈 왕은?

신분에 따라 어떤 차별이 있었을까?

기원전 57	기원전 37	기원전 18	42	371	427	553
박혁거세, 신라 건국	주몽, 고구려 건국	온조, 백제 건국	김수로, 금관가야 건국	백제, 평양성 공격	고구려, 평양으로 천도	신라, 한강 유역 차지

STEP 1 ★ 키워드 확인하기

★ 역사반 친구들이 책을 읽고 이야기하고 있어. 오늘의 키워드 를 보고 문장을 완성해 보자.

오늘의 키워드

광개토 대왕   근초고왕   김수로   장수왕   진흥왕

용선생 역사반

접속 멤버: 6명

용선생
다들 책 읽어 왔지?

장하다
거북아 거북아, 머리를 내밀어라~♬

허영심
해외로 뻗어 나간 백제!

곽두기
만주 벌판 달려라!

왕수재
충주에 세워진 고구려 비석 봤어?

나선애
임전무퇴 살생유택

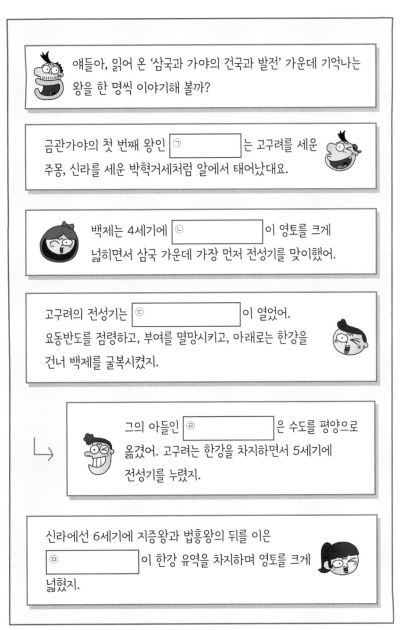

얘들아, 읽어 온 '삼국과 가야의 건국과 발전' 가운데 기억나는 왕을 한 명씩 이야기해 볼까?

금관가야의 첫 번째 왕인 ㉠ [   ]는 고구려를 세운 주몽, 신라를 세운 박혁거세처럼 알에서 태어났대요.

백제는 4세기에 ㉡ [   ]이 영토를 크게 넓히면서 삼국 가운데 가장 먼저 전성기를 맞이했어.

고구려의 전성기는 ㉢ [   ]이 열었어. 요동반도를 점령하고, 부여를 멸망시키고, 아래로는 한강을 건너 백제를 굴복시켰지.

그의 아들인 ㉣ [   ]은 수도를 평양으로 옮겼어. 고구려는 한강을 차지하면서 5세기에 전성기를 누렸지.

신라에선 6세기에 지증왕과 법흥왕의 뒤를 이은 ㉤ [   ]이 한강 유역을 차지하며 영토를 크게 넓혔지.

STEP 2 ★ 핵심 문제 풀기

01 삼국과 가야의 건국에 대한 설명으로 알맞지 <u>않은</u> 것은 무엇일까?　　　（　　）

① 주몽은 부여의 왕자들을 피해 남쪽으로 내려가 고구려를 세웠어.

② 주몽의 아들인 비류는 위례성(서울)에 자리 잡고 백제를 세웠어.

③ 알에서 태어난 박혁거세는 사로국(신라의 옛 이름)의 왕이 되었어.

④ 김수로는 금관가야의 첫 번째 왕이야.

02 고구려를 발전시킨 왕들이 한 일을 바르게 연결해 보자.

| (1) 요동 지역을 차지하고, 백제의 영역이었던 한강 지역으로 세력을 넓혔어. | (2) 율령과 불교를 받아들이며 고구려의 기틀을 다졌어. | (3) 수도를 평양으로 옮기고 광개토 대왕릉비와 충주 고구려비를 세웠어. |

　　　　•　　　　　　　　　　　•　　　　　　　　　　　•

　　　　•　　　　　　　　　　　•　　　　　　　　　　　•

　　㉠ 소수림왕　　　　　　　㉡ 광개토 대왕　　　　　　㉢ 장수왕

03 아래의 보기 에서 신라를 성장시킨 왕들이 한 일을 각각 찾아 써 보자.

보기

불교 수용　　'신라' 국호 사용　　'왕' 호칭 사용　　율령 반포　　한강 유역 차지　　화랑도 정비

지증왕 (재위 500~514)	법흥왕 (재위 514~540)	진흥왕 (재위 540~576)
① _____	③ _____	⑤ _____
② _____	④ _____	⑥ _____

04 아래 골품제에 대한 그림을 보고 맞는 설명에는 O, 틀린 설명에는 X해 보자.

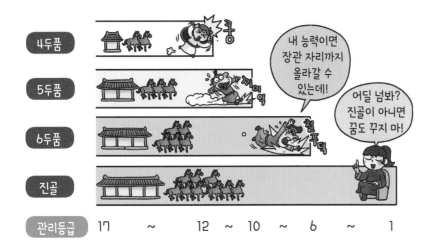

(1) 6두품인 왕수재는 뛰어난 성과를 거둬 2등급 관직에 올랐다. (O / X)

(2) 5두품인 장하다는 돈을 많이 벌어 신라의 수도인 금성에서 가장 큰 집
에 살았다. (O / X)

(3) 진골인 나선애는 12등급의 관직에서 일할 수 없었다. (O / X)

05 사진 속 유물에 대한 설명이야. 빈칸의 초성을 이용해 알맞은 답을 써 보자.

(1) 칠지도는 철을 두드려서 만든 칼인데,
백제의 왕세자가 [ㅇ]의 왕에게
전해 준 것으로 알려져 있어.

(2) 경주 황남대총에서 발견된 유리 그릇이
야. 이 그릇은 신라가 페르시아, 로마 같
은 [ㅅ ㅇ]의 나라들과 교류했
다는 사실을 보여줘.

06 삼국의 전성기를 이룩한 왕과 해당 세기를 적고 일어난 순서대로 나열해 보자.

(가) _____세기, _____왕이
한강 유역을 비롯해 새롭게 차지한
영토에 비석을 세우다.

(나) _____세기, _____왕이
백제의 영토를 크게 넓히고
다른 나라들과 교류하다.

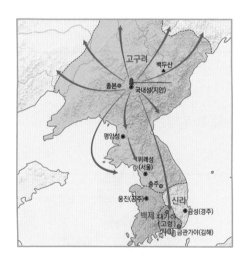

(다) _____세기, 광개토 대왕과
_____왕이 한강 유역을 넘
어 충주 지역까지 영역을 넓히다.

(라) 기원전 1세기 ~ 3세기에 한반도를
중심으로 삼국과 가야가 성장하다.

(라) → (   ) → (   ) → (   )

STEP 3 ★ 생각하며 글쓰기

★ 다음은 신라 진흥왕에 대한 글이야. (가), (나)의 이야기를 읽고 물음에 알맞은 글을 써 보자.

(가) "병사들은 들으라! 지금 백제의 왕이 우리 신라의 관산성으로 지원을 오고 있다고 한다. 백제는 우리에게 한강 하류 지역을 빼앗긴 것에 분노하여 군사를 일으켰다. 백제군뿐만 아니라 백제의 동맹인 대가야와 왜의 군대까지 동원해 관산성을 공격하고 있다. 관산성에서 남쪽으로 추풍령 고개만 넘으면 수도 금성이다. 관산성이 함락되면 우리 신라의 수도까지 위험해진단 말이다. 이 위기를 한 번에 *타개할 수 있는 방법은 백제의 왕을 죽이는 것뿐이다. 그러니 용감하고 충성스러운 신라의 병사들이여! 오늘 반드시 백제의 왕을 사로잡아 위기에 처한 관산성을 구하도록 하자!"

> 타개 매우 어렵거나 막힌 일을 잘 헤쳐 나가는 걸 말해.

(나) 검사 *모두 진술

*피고인 진흥왕은 신라의 제24대 왕으로 피해자인 백제 성왕이 차지한 한강 하류 지역을 빼앗고 군대를 동원해 성왕을 살해하였습니다. 피고인 진흥왕은 성왕과 고구려를 공격해 얻어 낸 한강 유역 중 한강 하류 지역은 백제가 차지하고 한강 상류 지역은 신라가 차지하기로 합의한 바 있습니다. 그러나 피고인은 욕심을 부려 120년 동안 이어져 온 나제 동맹의 신뢰를 깨뜨리고 기습으로 한강 하류 지역을 차지했습니다. 실로 간교하고 비겁한 행동이었습니다.

또한 관산성을 공격하고 있던 아들 여창을 지원하기 위해 성왕이 소수의 병력을 이끌고 이동하는 것을 공격하여 죽이기까지 했습니다. 결국 백제는 3만 명에 가까운 병사가 죽고 관산성 전투에서 패배해 쇠퇴의 길을 걷게 되었습니다. 이에 정정당당함을 저버리고 간교한 행동만 일삼은 피고인 진흥왕을 고발합니다.

> 모두 진술 검사가 피고인을 법정에 세운 이유를 밝히는 걸 말해.

> 피고인 검사가 범죄를 저질렀다고 의심해 재판을 청구한 사람을 말해.

(다) "(… 중략 …) 한강 유역은 한반도의 중심에 있는 데다가 경제적으로도 풍요롭고 교통도 편리해서 삼국이 앞다투어 차지하려 했던 곳이야. 백제와 고구려가 한강 유역을 차지하고 있을 때 전성기를 누렸다는 사실 기억나지? 이 지역이 신라의 손에 넘어왔다는 건, 한강 유역의 모든 이점을 신라가 독차지하게 됐다는 뜻이지. 특히 한강 하류와 연결된 서해안을 통해 중국과 직접 교류하게 되면서 신라는 다양한 선진 문물을 빠르게 받아들일 수 있게 되었어. 그 결과 신라는 더욱 눈부시게 성장해 갈 수 있었지."

01 (가)의 진흥왕에 대해 (나)의 검사가 잘못했다고 지적한 내용을 정리해 보자.

• 백제로부터

• 백제의 성왕을

02 (가), (나)를 읽고 관산성 전투에 대한 설명으로 **틀린** 것은 무엇일까? (   )

① 신라가 약속을 어겨 전투가 벌어졌다.

② 관산성은 신라에게 군사적으로 중요한 성이었다.

③ 백제와 왜가 연합해 신라, 대가야의 군대와 싸웠다.

④ 성왕이 죽으면서 백제는 관산성 전투에서 지고 말았다.

03 (가)~(다)를 읽고 자신이 재판정에 선 진흥왕이라면 (나)에 나타난 검사

의 진술을 어떻게 *반박했을지 글을 써 보자.

반박 남의 주
장이나 의견에
반대하여 잘못
된 점을 따지는
걸 말해.

나는 죄가 없습니다.

한강 하류는
우리가 차지한다!

01 34회 중급

밑줄 그은 '이 나라'에 대한 설명으로 옳은 것은?

이 유물은 김해 대성동 고분에서 출토된 것으로 이 나라의 발달된 철기 문화를 보여 줍니다.

철제 판갑옷

① 평양으로 도읍을 옮겼다.
② 칠지도를 만들어 왜에 보내 주었다.
③ 8개 조항의 법으로 백성을 다스렸다.
④ 김수로왕의 건국 이야기가 전해지고 있다.

02 31회 초급

다음 가상 인터뷰에 등장하는 왕으로 옳은 것은?

백제 왕으로 즉위하신 후 어떤 일을 하셨나요?

고구려를 공격하여 고국원왕을 전사시키고, 황해도 일부 지역까지 영토를 넓혔지요. 또한 중국, 왜 등과 교류하였지요.

① 성왕   ② 고이왕
③ 무령왕   ④ 근초고왕

03 46회 초급

(가) 왕의 업적으로 옳은 것은?

- 광개토 대왕의 아들로 태어남.
- 고구려 제20대 왕에 즉위함.
- 백제를 공격하여 한성을 함락함.

(가)

① 청해진을 설치하였다.
② 수도를 평양으로 옮겼다.
③ 지방에 22담로를 두었다.
④ 독서삼품과를 실시하였다.

04 29회 초급

선생님의 질문에 대한 학생의 대답으로 옳은 것은?

이 지도는 5세기 고구려 전성기의 지도입니다. 이 시기 백제와 신라는 고구려에 어떻게 대응하였을까요?

① 신라는 백제와 동맹을 맺어 고구려에 맞섰어요.
② 신라가 당나라와 연합하여 고구려를 공격하였어요.
③ 백제가 고구려를 공격하여 고국원왕을 전사시켰어요.
④ 백제는 중흥의 기반을 마련하기 위해 수도를 사비로 옮겼어요.

05 47회 기본

다음 가상 인터뷰에 등장하는 왕으로 옳은 것은?

① 성왕
② 법흥왕
③ 지증왕
④ 근초고왕

06 43회 초급

밑줄 그은 '나'의 업적으로 옳은 것은?

나는 신라의 제24대 왕으로 백제로부터 한강 유역을 차지한 후 북한산에 순수비를 세우게 하였노라.

① 태학을 설립하였다.
② 8조법으로 백성을 다스렸다.
③ 지방에 22담로를 설치하였다.
④ 화랑도를 국가 조직으로 만들었다.

07 35회 초급

밑줄 그은 '신분 제도'로 옳은 것은?

이 인물들은 신라의 6두품 출신으로 알려진 학자입니다. 신라에는 엄격한 신분 제도가 있어서 6두품은 진골에 비해 차별을 받았습니다.

설총

최치원

① 골품 제도
② 음서 제도
③ 화랑 제도
④ 화백 제도

08 40회 중급

(가)에 들어갈 문화유산으로 가장 적절한 것은?

수행평가 계획서

- **주제**: 한반도 고대 문화의 일본 전파
- **방법**: 문헌 조사, 인터넷 검색 등
- **조사 대상**
  - 인물: 아직기, 왕인, 혜자, 담징
  - 문화유산

고구려 수산리 고분 벽화

가야 토기

(가)

① 금동 미륵보살 반가 사유상

② 청자 상감운학문 매병

③ 앙부일구

④ 동의보감

4. 삼국 통일과 발해의 건국

독서 연계 용선생 교과서 한국사 1_70~93쪽

 오늘의 핵심 질문!

고구려는 중국의 침입을 어떻게 물리쳤을까?

삼국 통일은 어떻게 진행됐을까?

통일 신라를 대표하는 문화유산은?

발해 문화의 특징은 무엇일까?

612	**660**	**668**	**676**	**698**	**780**
고구려, 살수 대첩 승리	백제 멸망	고구려 멸망	신라의 삼국 통일	발해 건국	반란으로 신라 혜공왕 사망

★ 역사반 친구들이 책을 읽고 이야기하고 있어. 오늘의 키워드 를 보고 문장을 완성해 보자.

오늘의 키워드

대조영   불국사   살수 대첩   삼국 통일   해동성국

용선생
역사반

접속 멤버: 6명

 용선생
북쪽엔 발해, 남쪽엔
신라!

 장하다
튼튼한 성이 방어의 비결!

 곽두기
황산벌의 계백,
맞서 싸운 관창!

 허영심
북쪽의 땅이 아쉽지만…!

 나선애
무구정광대다라니경이
발견된 곳은?

 왕수재
북쪽의 계승자!

 '삼국 통일과 발해의 건국'에서 가장 인상적인 내용을 말해 볼까?

고구려가 수나라와 당나라의 침입을 물리쳤어요. 특히 을지문덕은 수나라의 대군을 물리쳤는데, 이 전투를 ㉠ [   ] 이라고 해요.

 신라는 나당동맹으로 당나라와 손을 잡고 백제와 고구려를 무너뜨렸어.

↳ 그리고 매소성과 기벌포에서 당나라 군대까지 물리치며 ㉡ [   ] 을 완성했지.

통일 신라는 신문왕이 여러 제도를 정비하며 발전했어. 불교도 널리 퍼져 ㉢ [   ] 와 석굴암을 비롯한 훌륭한 문화유산을 남겼지.

 북쪽에는 ㉣ [   ] 이 세운 발해가 ㉤ [   ] 이라 불릴 만큼 번성했어. 발해는 고구려를 계승하면서 당나라, 말갈 문화가 섞인 독자적인 문화를 만들었지.

01 고구려와 수·당나라 간의 전쟁에 대한 설명으로 알맞지 <u>않은</u> 것은?　　　　（　　　）

① 수나라가 고구려에 쳐들어오자 을지문덕이 살수에서 크게 물리쳤어.

② 당나라가 쳐들어왔지만 고구려 군대가 안시성에서 막아 냈어.

③ 고구려와 전쟁으로 당나라가 망하자 수나라가 들어섰어.

④ 고구려는 전쟁에 대비해 산성을 많이 쌓았어.

02 다음은 삼국 통일의 과정을 나타낸 그림이야. 순서대로 바르게 나열해 보자.

(가) 신라가 매소성과 기벌포에서
당나라 군대를 크게 물리치다.

(나) 신라와 당나라의 군대가 고구려의
수도 평양성을 함락하다.

(다) 신라와 당나라의 군대가 백제의
수도 사비성을 함락하다.

(라) 신라가 당나라와 나당 동맹
을 맺다.

（　라　）→（　　　）→（　　　）→（　　　）

03 통일 신라의 기틀을 다진 신문왕이 한 일을 정리해 보자.

▲ 통일 신라의 지방 통치 조직

통일을 이룩한 문무왕의 뒤를 이어 왕이 된 신문왕은 먼저 지방 제도를 정비했다. 전국을 ⊙ 9ㅈ로 나누고, 지방의 주요 지역에 ⓒ 5ㅅㄱ을 설치했다. 또 관리들을 키워 내기 위해 유교를 가르치는 학교인 ⓒ ㄱㅎ을 세우고 수도를 지키는 군대인 ⓔ 9ㅅㄷ도 만들었다.

⊙ _____   ⓒ _____

ⓒ _____   ⓔ _____

04 아래 문화유산에 대한 설명과 그 이름을 알맞게 연결해 보자.

(1)

(2)

(3)

●

●

(가) 석가탑 안에서 나온 책. 세계에서 가장 오래된 목판 인쇄물임.

(나) 돌을 쌓아 굴처럼 만든 절. 신라 사람들의 뛰어난 과학 기술을 엿볼 수 있음.

(다) 이상적인 비례로 한국 석탑의 교과서 같은 석탑. '석가탑'이라고도 부름.

●

●

●

⊙ 석굴암   ⓒ 불국사 삼층 석탑   ⓒ 무구정광대다라니경

05 다음은 발해의 역사를 설명하는 발표문이야. 틀린 부분을 바르게 고쳐 써 보자.

> 옛 ㉠ 백제의 장수였던 대조영은 고구려와 ㉡ 거란족 사람들을 이끌고 당나라를 탈출해 ㉢ 백두산에 이르러 스스로를 '고왕'이라 부르며 발해를 세웠습니다. 대조영의 뒤를 이은 무왕은 당나라에 맞서 싸웠고, 문왕은 당나라와 친하게 지내며 당나라의 수도인 장안성을 본떠 ㉣ 평양성을 만드는 등 발해를 발전시켰습니다. 발해는 선왕 때 이르러 전성기를 맞이해 당나라로부터 '㉤ 대한 제국'이라 불릴 만큼 강대해졌습니다.

㉠_____   ㉡_____

㉢_____   ㉣_____

㉤_____

06 통일 신라에서 볼 수 있었던 모습으로 알맞지 <u>않은</u> 것은 무엇일까?   (   )

① 청해진에서 수군을 훈련시키는 장보고

② 촌락 문서에 가축과 나무의 수를 기록하는 촌장

③ 금속 활자로 찍은 불경을 탑에 넣는 승려

④ 6두품으로서 골품제에 좌절해 벼슬을 버리고 떠나는 최치원

★ 다음은 발해가 어떤 나라인지 설명한 글이야. (가), (나)의 이야기를 읽고 물음
에 알맞은 글을 써 보자.

(가)

웨이궈중(魏國忠) 헤이룽장성 사회과학원 연구원은 논문 '발해국사'를
통해 발해의 주도 세력은 말갈인이며 고구려 사람들은 보조적인 위치에
있었다고 밝혔다. 그는 특히 당나라 현종이 발해 정권을 발해군으로 지정
했고, 우두머리를 발해군왕으로 임명했다는 데 주목하고 있다. 발해군은
책봉국과 달리 당나라 장관의 지시를 받아야 한다는 설명이다. 웨이 연
구원은 발해는 주권이 완전한 주권 국가가 아니며, 당나라에 *예속된 하
나의 지방 민족 정권이라고 못을 박고 있다.

홍인표, (2006.09.06), "[中 역사교과서 왜곡] 동북공정 연구결과 이미 일부 반영", 경향신문

예속 남의 지
배나 지휘 아
래에 매이는 걸
말해.

(나) 1949년 중국 지린성 둔화현에서는 정혜 공주 무덤이, 1980년 중국
지린성 허룽현에서는 정효 공주 무덤이 발굴되었다. 정혜 공주와 정효 공
주는 발해 문왕의 둘째, 넷째 딸로 공주들의 이력을 적은 묘지명에는 문
왕을 칭하는 용어와 당시에 쓰인 연호 등이 적혀 있어 발해사 연구에 매
우 귀중한 사료가 되었다.

무덤에서 나온 묘지명에는 문왕을 '대흥보력효감금륜성법대왕'이라고
지칭하고 있다. '대흥'과 '보력'은 문왕 대 쓰인 연호이고 '금륜'과 '성법'은
불교 용어이다. 이로써 발해가 독자적인 연호를 사용했으며 불교가 성행
했음을 알 수 있다. 또한 묘지명에는 문왕을 '황상'이라 표현하는 구절도
있다. '황상'은 황제를 부르는 말로 발해에서 내부적으로 왕을 황제라 불
렀다고 볼 수 있다.

빈공과 중국에서 외국인을 상대로 실시한 과거 시험이야.

(다) 인물 사전 '오소도(??? ~ ???)'

오소도는 발해의 관리이다. 발해 대현석(871~893) 때 당나라로 건너가 *빈공과에 응시하여 진사로 합격하였다. 이때 신라의 유학생 이동을 제치고 빈공과에서 수석을 차지하였다.

906년, 신라의 6두품 출신 유학생 최언위(868~944)가 오소도의 아들 오광찬보다 더 높은 순위로 빈공과에 합격하자, 오소도는 당나라에 오광찬의 순위를 최언위보다 높게 해달라고 요청하였다. 하지만 당나라는 최언위의 학식과 재주가 오광찬보다 뛰어남을 들어 허락하지 않았다.

01 아래 연호에 대한 설명을 참고하여 (나)를 통해 알 수 있는 사실을 써 보자.

연호 군주 시대에, 임금이 나라를 다스리는 해(연도)의 차례를 나타내기 위해 붙이는 칭호이다. 중국 한나라에서 처음 사용한 이후 동양의 여러 나라에서 사용하였다. 동양에서 연호는 황제국의 상징으로서 황제만 정할 수 있는 것으로 여겨지며 여러 나라에서 황제국과 동등한 나라임을 나타내고자 연호를 사용하기도 하였다.
㉔ 중국 당나라 현종 개원 5년, 고구려 광개토 대왕 영락 3년.

발해 공주들의 묘지명에서 문왕을 '____㉠____'이라 칭하고 '대흥', '보력'과 같은 ____㉡____를 사용한 것으로 보아 발해는 스스로를 중국과 동등하게 ____㉢____가 다스리는 나라라고 여겼다.

㉠ _____

㉡ _____ ㉢ _____

02 (다)를 읽고 알 수 있는 사실로 알맞지 <u>않은</u> 것은 무엇일까?　　(　　　)

① 발해 사람들은 빈공과에 응시할 수 있었다.

② 당나라는 발해 사람과 신라 사람을 외국인으로 인식했다.

③ 발해와 신라는 빈공과의 합격 순위에는 관심이 없었다.

④ 신라의 6두품 출신들은 당나라로 유학을 가기도 했다.

03 (나)와 (다)의 내용을 바탕으로 (가)의 기사에 나온 중국 연구원에게 발해

가 당나라에 속한 중국의 지방 정권이 아니라 독자적인 나라임을 알리는

편지를 써 보자.

우리는
고구려의 옛 땅을
되찾고 고구려를
계승했다!

발해

01 48회 기본

밑줄 그은 '이 전투'로 옳은 것은?

나는 이 전투에서 우문술, 우중문이 이끄는 수의 30만 대군을 격퇴하였소.

① 귀주 대첩
② 살수 대첩
③ 안시성 전투
④ 처인성 전투

02 46회 초급

다음 사건이 일어난 시기를 연표에서 옳게 고른 것은?

쉽게 내려오라고 산을 쌓아줬구나!

고구려 군사다! 산 쌓아 남 줬네!

433	538	612	660	676
(가)	(나)	(다)	(라)	
나제 동맹 성립	사비 천도	살수 대첩	황산벌 전투	삼국 통일 완성

① (가)　② (나)　③ (다)　④ (라)

03 43회 초급

(가)에 들어갈 내용으로 옳은 것은?

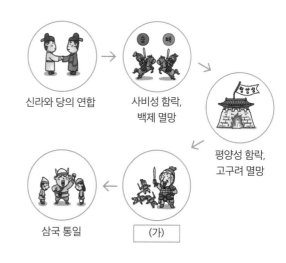

신라와 당의 연합 → 사비성 함락, 백제 멸망 → 평양성 함락, 고구려 멸망 → (가) → 삼국 통일

① 진포 대첩, 왜구 격퇴
② 기벌포 전투, 당군 격퇴
③ 관산성 전투, 성왕 전사
④ 살수 대첩, 을지문덕 승리

04 45회 초급

(가)에 들어갈 인물로 옳은 것은?

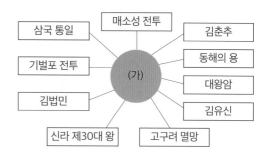

삼국 통일 / 매소성 전투 / 김춘추 / 기벌포 전투 / 동해의 용 / 대왕암 / 김법민 / (가) / 김유신 / 신라 제30대 왕 / 고구려 멸망

① 무왕　② 문무왕　③ 장수왕　④ 근초고왕

05 46회 초급

(가)에 들어갈 내용으로 옳은 것은?

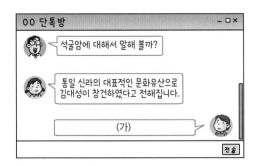

○○ 단톡방

석굴암에 대해서 말해 볼까?

통일 신라의 대표적인 문화유산으로 김대성이 창건하였다고 전해집니다.

(가)

전송

① 안압지로 불리기도 하였습니다.
② 천마도 등의 유물이 출토되었습니다.
③ 무구정광대다라니경이 발견되었습니다.
④ 화강암을 쌓아 동굴처럼 만든 사원입니다.

06 42회 중급

밑줄 그은 '이 탑'으로 옳은 것은?

무구정광대다라니경은 어떻게 세상에 알려지게 되었나요?

경주에 있는 이 탑의 보수 과정에서 발견되었습니다. 국보 안에 또 다른 국보가 있었던 셈이지요.

① 미륵사지 석탑

② 분황사 모전 석탑

③ 불국사 삼층 석탑

④ 월정사 팔각 구층 석탑

07 45회 초급

(가) 국가에 대한 설명으로 옳은 것은?

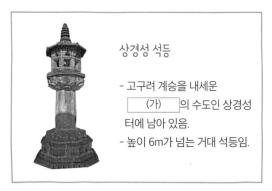

상경성 석등

- 고구려 계승을 내세운 [(가)]의 수도인 상경성 터에 남아 있음.
- 높이 6m가 넘는 거대 석등임.

① 대조영이 건국하였다.
② 지방에 22담로를 두었다.
③ 황산벌 전투에서 신라군에 패배하였다.
④ 화백 회의에서 귀족들이 국정을 논의하였다.

08 42회 초급

(가) 국가에 대한 설명으로 옳은 것은?

고려

[(가)]은/는 고구려의 옛 영토를 대부분 차지하였고, 고구려를 계승한 국가임을 밝혔습니다. 당시 일본에서 제작된 이 목간에서도 [(가)]을/를 '고려(고구려)'라고 표현하였습니다.

① 삼국 통일을 이룩하였다.
② 노비안검법을 실시하였다.
③ 해동성국이라고도 불렸다.
④ 낙랑과 왜에 철을 수출하였다.

2 민족 문화를 발전시킨 고려

논산 관촉사 석조
미륵보살 입상
고려 광종 때 만들어진
것으로 추정돼. 약 18m
로 우리나라에서 가장
큰 석불 입상이야.
국보

남북국 시대	936년	1019년	1236~1251년	1356년	조선
	후삼국 통일	귀주 대첩	팔만대장경 제작	공민왕 반원 개혁	

1. 후삼국의 통일

독서 연계 용선생 교과서 한국사 1_96-115쪽

 오늘의 핵심 질문!

통일 신라는 왜 분열되었을까?

고려는 어떻게 후삼국을 통일했을까?

왕건이 호족을 끌어들이기 위해 쓴 방법은?

태조 왕건이 후손들에게 당부한 것은?

918	926	930	936	943
고려의 건국	발해 멸망	고려, 고창 전투 승리	후삼국 통일	왕건, 「훈요 10조」 남김.

★ 역사반 친구들이 책을 읽고 이야기하고 있어. 오늘의 키워드 를 보고 문장을 완성해 보자.

오늘의 키워드

고려   왕건   호족   후삼국   훈요 10조

용선생 역사반

접속 멤버: 6명

 용선생
다들 책은 읽어 왔지?

 곽두기
나도 왕이 돼 볼까?

 장하다
삼국 시대 2탄인가?!

 나선애
자기 미래는 보지 못한 궁예!!

 왕수재
바득바득 이 갈았다, 고창 전투!

 허영심
후손들아, 약속해 줘~!

 얘들아, '후삼국의 통일'에서 기억나는 사실을 한 가지씩 이야기해 볼까?

신라 말 나라가 혼란스러워지자 지방에서는 힘을 가진 사람이 군사를 모아 지역을 다스리기 시작했어요. 이들을 ㉠ [_____] 이라고 해요!

 견훤과 궁예는 후백제와 후고구려를 세웠지. 이렇게 신라와 후백제, 후고구려가 경쟁하던 때를 ㉡ [_____] 시대라고 불러.

↳ 그런데 후고구려에서는 ㉢ [_____] 이 궁예를 내쫓고 새 나라 ㉣ [_____] 를 세웠어!

 고려는 후백제와 치열하게 경쟁했는데, 고창 전투에서 승리하면서 승승장구했지! 견훤과 신라의 경순왕도 항복해 왔어. 마침내 고려는 후백제를 멸망시키고 후삼국을 통일했어.

왕건은 죽기 전에 후손들에게 당부하는 10가지를 남겼어. 이를 ㉤ [_____] 라고 해.

01 후삼국에 대한 설명으로 알맞은 것은 무엇일까?　　　　　　　　　(　　)

① 신라는 강력한 왕권으로 지방의 호족들을 포섭했어.

② 견훤은 송악을 도읍으로 삼고 후백제를 세웠어.

③ 후고구려는 신라 왕족 출신의 왕건이 세웠지.

④ 궁예는 그의 부하였던 왕건에 의해 왕위에서 쫓겨났어.

02 인물들의 10초 자기 소개를 보고, 빈칸을 알맞게 채워 보자.

(1)
"아기일 때 호랑이가 와 젖을 물린 적이 있대. 신기하지? 커서는 신라의 군인이 되었지만 그만두고, 무리를 이끌고 완산주에 나라를 세웠어."

① 이름:

② 세운 나라:

(2)
"난 신라의 왕자였대. 출생의 비밀을 알고는 절에 들어갔다가 세상을 바꾸기 위해 나왔어. 송악에 나라를 세웠지.
난 사람의 마음을 꿰뚫어 볼 수 있어.
다들 조심해."

① 이름:

② 세운 나라:

(3)
"아버지와 함께 궁예의 부하가 되었어. 나주 지역을 점령해 견훤을 견제했지. 궁예가 폭정을 일삼자 궁예를 쫓아내고 새 나라를 세웠어. 시간 좀 남았나? 난 백성들에게 인기도 많지!"

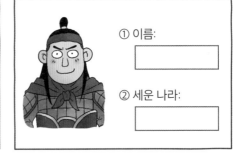

① 이름:

② 세운 나라:

03 다음 글에서 설명하고 있는 ① 전투가 무엇인지 쓰고, ② 그 전투가 일어난 지역을 지도에서 기호를 찾아 써 보자.

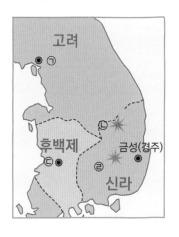

공산 전투에서 고려가 후백제에게 처참한 패배를 당한 지 3년이 지난 930년. 두 나라는 다시 크게 맞붙었어. 왕건이 호족들을 후하게 대우하자 이 지역의 호족들은 왕건 편에 섰지. 결국 고려는 이들의 도움으로 후백제에 크게 승리했어. 이때부터 고려는 후삼국 경쟁에서 앞서게 되었지.

① _____ ② _____

04 그림을 보고 알 수 있는 왕건의 호족 통합 정책을 3가지 써 보자.

_____

_____

_____

05 다음은 「훈요 10조」의 일부 내용이야. 빈칸에 알맞은 말을 써 보자.

> **1조** 부처님의 힘으로 나라를 세웠으니 ⟨　⟨ㄱ⟩　⟩를 장려하라.
>
> **4조** 우리나라는 사람과 땅이 중국과 다르다. 중국의 제도를 억지로
>
> 　따르지 말고, ⟨　⟨ㄴ⟩　⟩의 제도는 본받지 말라.
>
> **5조** ⟨　⟨ㄷ⟩　⟩에 가서 1년에 100일 이상 머물러라.

ㄱ _____　　ㄴ _____　　ㄷ _____

06 다음 그림을 보고 후삼국 통일 과정을 순서대로 나열해 보자.

(가) 견훤, 고려에 항복　　　　　　　　(나) 고창 전투

(다) 후삼국 통일　　　　　　　　(라) 고려 건국

(　　) → (　　) → (　　) → (다)

★ 다음은 태조 왕건의 거란 정책에 관한 글이야. (가), (나)의 이야기를 읽고 물음에 알맞은 글을 써 보자.

(가) 942년 10월 어느 날, 입술을 바르르 떨던 태조 왕건은 신하들을 쏘아보며 말했다.

"거란은 이 나라가 어떤 나라인지 정녕 모르는 것이냐! 고려에 들어온 거란의 *사신을 당장 유배 보내도록 하라!"

당황한 신하들은 숙였던 고개를 빠르게 쳐들었다.

"전하, 그들이 괘씸하긴 하나 고려에 온 이유를 들어보고 사정을 따져봄이 어떠한지요."

태조는 곰곰이 생각하다 목소리를 가다듬고 말했다.

"수년 전 발해의 일을 잊었는가? 거란은 일찍이 발해와 화목하게 지내다 갑자기 약속을 어기고 쳐들어와 나라를 멸망시켰다. 그런 나라에 믿음을 기대할 수 있겠는가? 믿음이 없으니 우리의 이웃나라 또한 될 수 없다!"

"그럼 사신이 끌고 온 낙타 50필은 어떻게 할까요? 돌려보내심이…."

"사람들이 오가는 *만부교 다리 아래 묶고 죽을 때까지 물 한 방울도 주지 말라!"

신하들은 커져버린 입을 고개를 숙여 가리기 바빴다.

사신 왕의 명령으로 다른 나라에 파견된 신하를 말해.

만부교 개경에 있던 다리인데, 지나가는 사람들이 많았대.

(나) # 용선생 TV 토론

MC: 오늘은 '태조 왕건의 거란 정책'을 주제로 토론해 보겠습니다. 장하다 선생님과 나선애 선생님 두 분을 모셨습니다. 장하다 선생님 말씀해주시지요.

장하다: 고려는 고구려를 계승한 나라입니다. 그런 입장에서 발해를 멸망시킨 거란과는 친하게 지낼 수 없었을 겁니다. 발해도 마찬가지

로 고구려를 계승한 나라이지 않습니까.

MC: 나 선생님은 어떻게 보시는지요?

나선애: 그렇지만 태조가 거란의 사신을 유배 보내고, 낙타를 굶겨 죽인 것은 매우 위험한 행동이었습니다. 거란이 이를 *구실로 고려에 쳐들어올 수도 있는 상황이었다고요.

장하다: 한 나라의 왕으로서 왜 그 생각을 못 했겠습니까? 다만 옛 고구려 땅을 되찾겠다는 태조 왕건의 굳건한 의지를 백성들에게 보여 주고 싶었던 게 아닐까요? 실제로 왕건도 서경을 중심으로 고려의 영토를 북으로 넓혀 나가려고 힘쓰지 않았습니까.

나선애: 하지만 거란과의 전쟁은 결국 일어나고야 말았죠. 그것도 세 차례나 말입니다. 수십 년 전, 고려가 거란과의 관계를 좋게 해놓았더라면 전쟁은 겪지 않아도 됐을지도 모르죠. 백성들이 큰 피해를 입지 않았습니까?

> 구실 핑계를 말해. 갈등을 피하려고 둘러대는 거야.

01 (가)를 읽고 아래의 취재 수첩의 빈칸을 알맞게 채워 보자.

	'만부교 사건' 취재 수첩
누가	태조 왕건은
언제	942년 10월
어디서	㉠
무엇을	거란에서 온 낙타 50필을
어떻게	㉡
왜	㉢

02 (나)를 읽고 태조의 거란 정책에 대한 두 사람의 생각을 정리해 보자.

	① 장하다 선생님	② 나선애 선생님
태조의 거란 정책		

03 기자가 되어 '만부교 사건'에 대한 기사를 쓰고, 태조 왕건의 행동에 대해

서도 평가해 보자.

* 기사 쓰는 방법
   ① 육하원칙을 지키되 가장 중요한 사실은 첫 문장에 넣기.
   ② 존칭이나 높임말은 사용하지 말기.
   ③ 핵심 내용을 제목으로, 추가 설명은 부제로 넣기.

_____

_____

_____

_____

_____

_____

제가 뭘
잘못한 거죠?

01 48회 기본

밑줄 그은 '나'에 해당하는 인물로 옳은 것은?

오래전 신라는 당과 함께 백제를 멸망시켰다. 나는 이제 이곳 완산주에 도읍하여 의자왕의 억울함을 풀겠다.

① 견훤
② 궁예
③ 만적
④ 양길

02 20회 초급

(가) 국가에 대한 설명으로 옳지 않은 것은?

① 견훤이 건국하였다.
② 5소경을 설치하였다.
③ 완산주를 도읍으로 정하였다.
④ 나라 이름을 후백제라 하였다.

03 26회 중급

밑줄 그은 '이 전투'가 일어난 시기를 연표에서 옳게 고른 것은?

이것은 차전놀이입니다. 차전놀이는 왕건이 이 전투에서 안동 사람들의 지원을 받아 견훤에게 크게 승리한 것을 기념해서 시작되었다고 합니다.

889	918	936	949	993
(가)	(나)	(다)	(라)	
원종·애노의 난	고려 건국	후삼국 통일	광종 즉위	거란의 1차 침입

① (가)
② (나)
③ (다)
④ (라)

04 50회 기본

(가)에 들어갈 내용으로 가장 적절한 것은?

탐구 활동 계획서

이름: ○○○

1. 주제: 후삼국 통일 과정
2. 방법: 문헌 조사, 인터넷 검색 등
3. 주요 사건
 • 금성(나주) 점령
 • 　　　　(가)
 • 경순왕의 항복
 • 일리천 전투

① 고창 전투
② 진포 대첩
③ 삼별초 항쟁
④ 위화도 회군

05 41회 초급

(가)에 들어갈 문화유산으로 옳은 것은?

신검은 왕위를 차지하기 위해, 후백제를 세운 아버지 견훤을 이 절에 가두어 버렸어요.

(가)

① 부석사

② 수덕사

③ 불국사

④ 금산사

06 32회 중급

(가)~(다)를 일어난 순서대로 옳게 나열한 것은?

후삼국의 통일 과정

(가) 고려 건국

(나) 후백제 멸망

(다) 신라 항복

① (가)-(나)-(다)
② (가)-(다)-(나)
③ (나)-(가)-(다)
④ (다)-(가)-(나)

07 45회 초급

밑줄 그은 '왕'에 대한 설명으로 옳은 것은?

○○○년 ○○월 ○○일

왕께서는 고려를 세우신 뒤에도 지방 호족들과 대체로 좋은 관계를 유지하고 있다. 왕께서 세금도 줄여 주시고 빈민 구제를 위해 흑창을 설치하시어 농민들의 처지도 많이 좋아졌다.

① 훈민정음을 창제하였다.
② 나당 동맹을 체결하였다.
③ 북한산에 순수비를 세웠다.
④ 대광현 등 발해 유민을 받아들였다.

08 45회 중급

밑줄 그은 '왕'의 업적으로 옳은 것은?

역사신문

○○○년 ○○월 ○○일

발해 왕자 대광현에게 왕씨 성(姓) 하사

얼마 전 발해 왕자 대광현이 이끄는 무리가 거란의 침략을 피해 우리나라로 넘어 왔다. 왕은 대광현에게 왕씨 성을 하사하였으며 종실의 족보에 기록하였다. 또한 대광현을 따라온 장군 신덕 등 신하들에게 벼슬을 내리고 토지와 집을 주는 등 후하게 대접하였다.

① 후삼국을 통일하였다.
② 별무반을 조직하였다.
③ 4군 6진을 개척하였다.
④ 노비안검법을 실시하였다.

2. 고려의 발전과 활발한 대외 교류

독서 연계 용선생 교과서 한국사 1_116~135쪽

 오늘의 핵심 질문!

광종과 성종이 한 일은?

서희는 거란군을 어떻게 물리쳤을까?

귀주 대첩 이후 고려-송-거란의 관계는?

국제 무역항 벽란도에는 누가 찾아왔을까?

956	**958**	**993**	**1019**
노비안검법 실시	과거제 실시	강동 6주 획득	귀주 대첩

★ 역사반 친구들이 책을 읽고 이야기하고 있어. 오늘의 키워드 를 보고 문장을 완성해 보자.

오늘의 키워드

과거제   귀주 대첩   벽란도   서희   팔관회

용선생 역사반

접속 멤버: 6명

용선생
다들 책 읽어 왔지?

곽두기
공부 잘하는
똑똑한 관리를 뽑아라!

허영심
말싸움은 나도 좀 하지!

나선애
거란은 송과 고려가
친한 게 싫대.

왕수재
무엇이든 유비무환!

장하다
꼬레? 코리아!

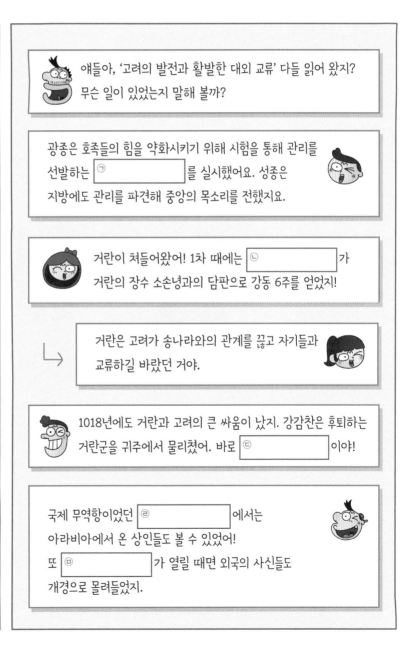

얘들아, '고려의 발전과 활발한 대외 교류' 다들 읽어 왔지?
무슨 일이 있었는지 말해 볼까?

광종은 호족들의 힘을 약화시키기 위해 시험을 통해 관리를
선발하는 ㉠ [   ] 를 실시했어요. 성종은
지방에도 관리를 파견해 중앙의 목소리를 전했지요.

거란이 쳐들어왔어! 1차 때에는 ㉡ [   ] 가
거란의 장수 소손녕과의 담판으로 강동 6주를 얻었지!

거란은 고려가 송나라와의 관계를 끊고 자기들과
교류하길 바랐던 거야.

1018년에도 거란과 고려의 큰 싸움이 났지. 강감찬은 후퇴하는
거란군을 귀주에서 물리쳤어. 바로 ㉢ [   ] 이야!

국제 무역항이었던 ㉣ [   ] 에서는
아라비아에서 온 상인들도 볼 수 있었어!
또 ㉤ [   ] 가 열릴 때면 외국의 사신들도
개경으로 몰려들었지.

01 10~11세기 고려의 모습으로 알맞지 <u>않은</u> 것은 무엇일까? ( )

① 광종은 쌍기의 건의를 받아들여 과거제를 실시했어.

② 성종은 중앙 정치 제도를 정비하고, 중앙에만 관리를 두었어.

③ 서희는 거란의 침입을 물리치고 강동 6주를 얻었어.

④ 사람들은 절에서 물건을 사고팔기도 했어.

02 다음 물음에 답해 보자.

(1) 광종은 호족들이 불법으로 차지하고 있던 노비를 양인으로 해방시켰어. 이 제도의
이름은 무엇일까?

_____

(2) 이 제도의 결과를 예상해 보자.

• 호족들의 힘은 ㉠_____, 왕의 권력은 ㉡_____.

03 아래 자료를 보고 물음에 답해 보자.

(1) 다음의 보기 를 참고하여 서희의 말풍선에 들어갈 말을 완성해 보자.

보기   고구려   고조선   발해   신라   아라비아   여진족

- (가) 무슨 소리요? 고려는 ⊙ [   ] 를 이어 나라 이름도 고려라고

  하지 않았소! 거란이 차지한 요동도 고려가 차지해야 할 땅이오!

- (나) 압록강 근처에 ⊙ [   ] 이 길을 막고 있으니 이 땅을 고려

  가 차지하게 해 순다면 거란과 친하게 지낼 것이오!

(2) 아래 지도에서 서희가 얻은 영토 부근에 동그라미 치고, 그 땅을 무엇이라고 부르는지 써

보자.

04 다음은 고려와 거란의 전투를 정리한 카드야. 일어난 순서대로 알맞게 맞춰 보자.

(가) 귀주 대첩   (나) 양규의 흥화진 전투   (다) 서희의 담판

(   ) → (   ) → (   )

05 아래 지도를 보고 알맞지 <u>않은</u> 것을 골라 보자.   (   )

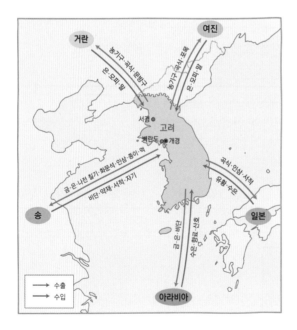

① 송나라 상인은 고려에 비단, 자기, 약재 등을 팔았어.

② 일본 상인은 수은, 유황을 가지고 와서 인삼, 서적 등을 받아 갔어.

③ 벽란도에는 아라비아 상인도 다녀갔어.

④ 고려는 거란과는 교류하지 않았어.

★ 다음은 광종의 과거제 실시에 대한 글이야. (가), (나)의 이야기를 읽고 물음에 알맞은 글을 써 보자.

(가) # 궁궐 회의

광종: 쌍기는 참석하였는가?

쌍기: 예, 폐하. 쌍기 여기 있사옵니다.

광종: 대신들은 들으시오. 나라에 인재를 선발하는 것은 매우 중요한 일이오. 짐은 후주에서 온 유학자 쌍기의 *고견을 받아들여 이제부터 과거제를 통해 능력 있는 인재를 선발하려고 하오!

신하1: (깜짝 놀라며) 폐하, 훌륭한 집안의 자식이 훌륭한 인물이 되는 것이 당연한 것이온데….

광종: *유학 시험을 통해 곁에 둘 신하를 선발할 터이니 그리 아시오.

신하2: (신하1에게 고개 돌려 속삭인다.) 아이고, 이게 웬 날벼락인가? 우리 아들은 자동으로 관직에 오를 줄 알았는데!

신하1: (신하2에게 고개 돌려 속삭인다.) 지금 우리 자식들 중에 시험에 통과할 아이가 몇이나 되겠습니까? 아무래도 폐하께서는 우리 공신이나 힘 있는 호족 말고, 새로운 세력을 취하려는 게 아닐런지요.

신하2: (혼잣말) 허허, 폐하께서는 과거제로 충성스러운 새 관료를 얻고, 우리 공신들에게는 벼슬길을 막아 힘을 빼시겠다는 *심산이군. 큰 위기로구나.

(나) 한국민족문화대백과사전 | 검색어 | 쌍기 |

본래 후주인(後周人)으로 산둥 지방 칭저우(靑州)의 수령이던 쌍철(雙哲)의 아들이다. (…) 956년(광종 7) 후주의 봉책사(封冊使) 설문우(薛文遇)를 따라 고려에 왔다가 병이 나 머물게 되었다. 병이 나은 뒤 광종(光宗)의 눈에 들어 후주로부터 허락을 받은 뒤 원보한림학사(元甫翰林學士)

고견 뛰어난 의견이나 생각을 말해. 남의 의견을 높여 말한 거야.

유학 공자의 가르침을 바탕으로 인간의 도리를 배우는 학문이야

심산 마음속으로 한 생각이야. 속셈을 말해.

에 임명되었다. 958년 과거 제도의 설치를 건의하였다. 958년 5월 처음으로 실시된 과거에서 *지공거가 되었다.

(다) "광종께서는 영특하고 높게 빼어난 *자질로 태조의 사랑을 많이 받았습니다. 즉위 후 8년까지는 형벌과 상이 지나치지 않고 나라를 잘 다스려 태평했으나, 쌍기가 등용된 이래로 문인을 높이고 중히 여겨 은혜를 지나치게 베풀었고, 재주 없는 자가 함부로 나아가 승진했고, 잔치가 끊이질 않았습니다. 비록 중국의 선비는 예우했지만 중국의 어진 인재는 얻지 못했습니다."

최승로가 성종에게 바친 〈5조치적평〉 중에서

01 (가)에서 나타난 광종의 속마음과 맞지 <u>않은</u> 것은 무엇일까? (   )

① 쌍기의 의견을 받아들여 과거제를 실시해야겠어!

② 과거제를 통해서 유학을 공부한 인재를 뽑을 수 있어!

③ 왕권을 강화하려면 내 편이 되어줄 새로운 세력이 필요해!

④ 공신과 힘 있는 호족의 자제들도 시험에 대거 합격하겠지?

02 쌍기를 인터뷰하려고 해. 인물 조사는 필수겠지? (나)를 읽고 쌍기에 대해 알 수 있는 것을 빈칸에 채워 보자.

쌍기	① 원래 국적	
	아버지 이름	쌍철
② 고려에서 살게 된 이유		
③ 고려에서 한 일		

03 (다)를 읽고 최승로의 생각과 <u>다른</u> 것을 골라 보자. (　　　)

① 광종은 태조의 사랑을 많이 받고 자랐어.

② 광종은 즉위하자마자 관리를 마구 등용하고 잔치를 벌였어.

③ 광종은 쌍기를 등용해 대우를 잘 해주었어.

④ 하지만 쌍기에 대한 예우가 지나치고 어진 인재도 구하지 못했어.

04 (가)~(다)를 읽고 광종의 입장이 되어 최승로에게 과거제를 도입한 이유에 대해 설명해 보자. (덧, 광종은 최승로의 꿈에 나타났다. 후대 학자들에게 당부하는 말도 잊지 말자.)

01 46회 초급

(가)에 들어갈 내용으로 옳은 것은?

역사 인물 발표회

★ 선정 이유★
• 과거제를 도입하였다.
• 　　　(가)
• 독자적인 연호를 사용하였다.

① 천리장성을 축조하였다.
② 2성 6부제를 마련하였다.
③ 노비안검법을 시행하였다.
④ 몽골식 풍습을 금지하였다.

02 39회 초급

(가)에 들어갈 제도로 옳은 것은?

알림　　　(가)　　의 실시

　짐은 한림학사 쌍기의 건의를 받아들여, 시험을 통해 관리를 뽑기로 결정하였노라. 제술과와 명경과 등으로 나누어 실시하니 능력에 따라 선택하여 볼 수 있기를 바란다.

광종

① 골품제　　　　② 과거제
③ 양천제　　　　④ 음서제

03 31회 초급

다음 퀴즈의 정답으로 옳은 것은?

고려는 중앙 집권 체제를 강화하기 위해 중앙과 지방의 통치 조직을 정비하였습니다. 그러면 고려의 지방 행정 조직은 무엇일까요?

① 8도　　　　　② 5도 양계
③ 9주 5소경　　④ 5경 15부 62주

04 44회 초급

(가)에 들어갈 내용으로 옳은 것은?

 나
#다녀온_곳 #국립외교원
#서희_동상

외교 담판으로 거란을 막아낸 그분?
맞아. 그 결과　　　(가)

① 동북 9성을 쌓았어.
② 4군 6진을 개척했어.
③ 강동 6주를 획득했어.
④ 철령 이북의 땅을 되찾았어.

05 32회 초급

다음 전투가 일어난 시기를 연표에서 옳게 고른 것은?

	918		993		1170		1270		1388
		(가)		(나)		(다)		(라)	
	고려 건국		서희 외교 담판		무신 정변		개경 환도		위화도 회군

① (가)   ② (나)   ③ (다)   ④ (라)

06 44회 초급

(가)에 들어갈 용어로 옳은 것은?

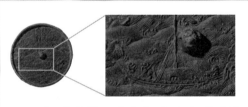

고려 시대에는 예성강 하구에 위치한 ___(가)___ 을/를 중심으로 국제 무역이 활발하게 이루어졌다. 이 청동 거울은 개경 근처에서 발견된 고려 시대 유물로 이 거울에 묘사된 배를 통해 당시 무역 활동을 짐작할 수 있다.

① 당항성   ② 벽란도
③ 울산항   ④ 청해진

07 33회 초급

(가) 행사에 대한 설명으로 옳지 않은 것은?

> **고려 시대의** ___(가)___
>
> • 훈요 10조에서 강조
> • 연등회와 함께 고려의 중요한 행사
> • 불교와 도교 및 민간 신앙이 어우러진 행사

① 외국 사신도 참석하였다.
② 고창(안동) 전투에서 유래하였다.
③ 송의 상인이 와서 특산물을 바쳤다.
④ 참석자들이 음악과 무용, 놀이를 즐겼다.

08 45회 초급

(가)에 들어갈 인물로 옳은 것은?

> 인물 한국사
>
> **대각국사**
> ___(가)___
>
> 왕자로 태어나 승려가 되어
> 천태종을 개창한
> 그의 일생을 만나보세요.

① 의천   ② 혜초
③ 원효   ④ 묘청

3. 잇따른 반란으로 흔들리는 고려

독서 연계 용선생 교과서 한국사 1_136~155쪽

 오늘의 핵심 질문!

윤관이 별무반을 이끌고 한 일은?

고려 왕실이 흔들린 까닭은?

무신들은 왜 반란을 일으켰을까?

농민과 천민이 들고일어난 까닭은?

1126	**1135**	**1170**	**1176**	**1198**
이자겸의 난	묘청의 난	무신 정변	망이·망소이의 봉기	만적의 난

★ 역사반 친구들이 책을 읽고 이야기하고 있어. (오늘의 키워드)를 보고 문장을 완성해 보자.

오늘의 키워드

만적   서경   윤관   이자겸   최충헌

용선생 역사반

접속 멤버: 6명

 용선생
다들 책 읽어 왔지?

 곽두기
평화의 시대는 끝나고 ㅠㅠ.

 허영심
반란이 끊이질 않네.

 나선애
왕은 허수아비 신세라고!

 왕수재
말 잘 듣는 문신은 환영해!

 장하다
노비도 밟으면 꿈틀!

 얘들아, '잇따른 반란으로 흔들리는 고려'에서 생각나는 사건을 한 가지씩 이야기해 볼까?

여진족이 고려 국경을 위협했어요. ⑨ [   ]이 별무반을 이끌고 여진족을 공격해 땅을 넓혔지만 다시 돌려주고 말았죠.

 더 큰 위기는 내부에서 일어났어. 인종의 장인인 ⓒ [   ]의 반란에 이어서 묘청은 ⓒ [   ]으로 수도를 옮기자며 반란을 일으켰지.

↳ 그러다 차별을 받던 무신들이 반란을 일으켜 무신 정권이 시작되었지.

 ⓔ [   ]은 문신들을 통치에 이용했어. 덕분에 최씨 정권은 안정적으로 권력을 유지했지.

지배층에게 당하기만 하던 농민과 천민들도 더 이상 참지 않고 들고일어났지. 개경에서는 노비 ⑩ [   ]이 봉기를 일으켰어!

01 12세기 이후 고려는 크게 흔들렸어. 관련 내용으로 적절하지 <u>않은</u> 것은 무엇일까?　　　（　　）

① 왕의 외할아버지이자 장인이었던 이자겸이 반란을 일으켰어.

② 묘청은 서경으로 수도를 옮기자고 주장했어.

③ 거란족의 침입에 윤관이 별무반을 이끌고 맞서 싸웠어.

④ 무신 정권이 들어서자 왕은 힘을 잃고 말았어.

02 고려와 여진족의 갈등 과정을 카드로 만들었어. 일어난 순서대로 정리해 보자.

(가) 윤관이 동북 9성을 쌓음.

(나) 여진족이 힘을 키우며 고려의
국경 지역을 침략함.

(다) 여진족에게 동북 9성을 돌려줌.

(라) 별무반을 만들어서 전쟁을 준비함.

（　나　）→（　　　）→（　　　）→（　　　）

03 아래 자료를 보고 물음에 답해 보자.

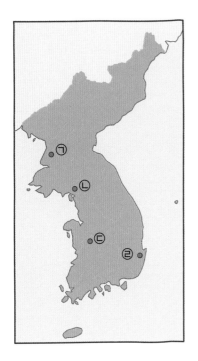

(1) 묘청이 인종에게 제안한 새 수도 후보지를 지도에서 기호를 찾아 써 보자.

_____

(2) 빈칸을 채워 묘청의 반란 과정을 정리해 보자.

표면적 이유	개경의 기운이 약해짐.
실질적 이유	㉠ 출신 귀족들이 차별 받음.
경과	수도를 옮기는 것이 실패하자 반란을 일으킴.
결과	㉡ 이 총사령관이 되어 반란을 진압함.

04 이의방, 정중부 등이 일으킨 반란 사건에 대한 기사를 쓰려고 해. 아래 보기 에서 적절한 낱말을 찾아 기사의 개요를 완성해 보자.

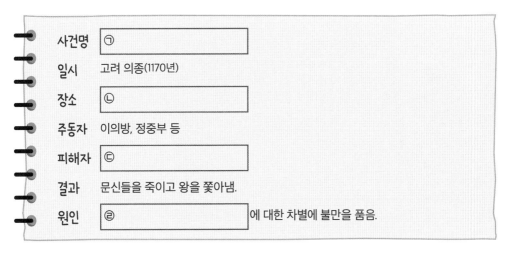

사건명	㉠
일시	고려 의종(1170년)
장소	㉡
주동자	이의방, 정중부 등
피해자	㉢
결과	문신들을 죽이고 왕을 쫓아냄.
원인	㉣ 에 대한 차별에 불만을 품음.

보기   농민 봉기, 무신 정변, 귀주 대첩, 보현원, 봉은사, 문신, 무신, 호족, 6두품

05 최충헌을 설명한 인물 카드야. <u>틀린</u> 부분을 바르게 고쳐 보자.

인물 카드

최충헌
(1149~1219)

* 문신을 통치에 이용.

* ㉠ 별무반으로 관리들 감시해 권력 유지. 최고 권력 기관.

* ㉡ 정방으로 자신을 호위하게 함.

㉠ : _____

㉡ : _____

06 다음은 어떤 용의자에 대한 심문 기록이야. 용의자가 뭐라고 했을지 알맞게 써 보자.

경찰 : 이름이 무엇이오?

망이 : 망이라고 하오.

경찰 : 1176년 공주 명학소에서 봉기를 일으킨 것이 맞소?

망이 : 그렇소.

경찰 : 봉기를 일으킨 까닭이 무엇이오?

망이 : 우리 지역은 특수 행정 구역인 _____

_____

★ 다음은 고려와 여진의 관계에 대한 글이야. (가), (나)의 이야기를 읽고 물음에 알맞은 글을 써 보자.

(가) 1011년(현종 2년) 여진의 추장 조을두가 무리 70인을 이끌고 와서 특산물을 바쳤으므로 의복과 은그릇을 하사하였다.

1036년(정종 2년) 팔관회를 열자 여진에서 특산물을 바쳤다.

1107년(예종 2년) 윤관을 원수로, 오연총을 부원수로 임명하여 여진을 공격하게 했다. 고려군이 승리하며 축성을 시작하였다.

1117년(예종 12년) 금나라 임금 아골타가 서신을 보냈다. "형인 대여진 금나라 황제가 아우인 고려 국왕에게 문서를 보낸다. …… 나는 거란을 *섬멸했다. 나는 왕과 형제의 관계를 맺길 바란다." 좋은 말 1필도 선물로 받았다. 하지만 고려는 금나라의 요구를 받아들이지 않았다.

섬멸 모조리 무찔러 멸망시키는 걸 말해.

1126년(인종 4년) 신하들을 불러 모아 금나라에 사대하는 일에 대해 물었다. 모두 불가하다고 하였으나 이자겸이 금나라를 대국으로 섬길 것을 주장하여 결국 이자겸의 의견대로 결정되었다.

(나) # 고려 조정

왕: 금나라가 스스로를 대국으로 섬기라고 하니 어떻게 하는 것이 좋겠
　　소?

신하1: 말도 안 되는 요구이옵니다! 금나라는 예부터 작은 부족으로 나
　　뉘져 저희를 대국으로 섬겼던 나라이옵니다. 우리의 뛰어난 문화
　　를 배워 가기 위해 고개를 *조아렸던 그들에게 어찌 우리가 고개
　　를 숙일 수가 있겠습니까?

신하2: 꼭 그렇게 볼 것은 아닙니다. 금나라가 거란과 송나라에게 승리한
　　것을 모르십니까? 군사력은 말할 것도 없고 정치도 잘 다스려 세
　　력이 나날이 커지고 있습니다. 작은 나라가 큰 나라를 섬기는 것은
　　예부터 해 왔던 것이니 사신을 보내 예를 갖추는 것이 좋습니다.

> 조아리다 이마
> 가 바닥에 닿을
> 정도로 머리를
> 숙이는 걸 말해.

01 (가)의 사료를 보고 고려와 여진의 관계 변화를 정리했어. 빈칸의 내용을 채워 보자.

시기	고려-여진 관계
1011년	여진이 특산물을 바치면 고려의 왕도 물건을 하사함.
1036년	고려 팔관회에 여진이 참여하기도 함.
1107년	㉠
1117년	㉡
1126년	㉢

02 (나)를 참고하여 1117년 고려가 금나라에 항복하지 <u>않은</u> 이유를 써 보자.

_____

_____

_____

03 1126년의 고려의 신하라고 생각하고 금나라와 전쟁을 반대하는 *상소문을

써 보자.

상소문 왕에게
올리는 글이야.
주로 나랏일에
대해 충고하기
위해 올렸어.

　* 상소문 쓰는 방법
　　① 글을 쓰는 이유를 적음(옳지 못한 일을 꼬집거나 잘못된 일을 고발함).
　　② 주장을 뒷받침하는 근거를 제시함.
　　③ 간곡한 부탁으로 마무리함.

폐하, _____

_____

_____

_____

_____

_____

신하 　[　이름　]　올립니다.

01 46회 초급

(가) 인물에 대한 설명으로 옳은 것은?

> 사랑하는 아내에게
> 그동안 잘 지내었소? 멀리 변방에 나와 있으니 부모님과 자식들이 무척이나 보고 싶소.
> 나는 ［　(가)　］ 장군이 이끄는 별무반의 일원으로 여진족을 무찌르는 데 앞장서고 있소. 특히 말을 타고 싸우는 데 익숙한 여진족에 맞서 기병으로 이루어진 신기군의 활약이 대단하오.
> 집에 돌아갈 날이 멀지 않았으니 다시 만날 때까지 몸 건강히 잘 지내시오.
> ○○○○년 ○○월 ○○일, 남편이

① 동북 9성을 쌓았다.
② 강동 6주를 확보하였다.
③ 쌍성총관부를 공격하였다.
④ 귀주에서 크게 승리하였다.

02 30회 초급

(가)에 들어갈 내용으로 옳은 것은?

> 역사신문
> ○○○○년 ○○월 ○○일
> **이자겸, 최고의 권력자가 되기까지**
> 고려 왕실과의 거듭된 혼인으로 세력을 키워 왔던 경원 이씨 집안은 대표적인 ［ (가) ］ 이다. 특히 이자겸은 예종과 인종에게 딸들을 시집보내어 최고의 권력자가 되었다.

① 호족   ② 문벌 귀족
③ 진골 귀족   ④ 신진 사대부

03 41회 초급

밑줄 그은 '이 책'으로 옳은 것은?

폐하께서는 학자들이 중국 역사는 잘 알고 있으나, 우리 역사는 제대로 알지 못하고 있는 것을 안타까워 하셨습니다. 이에 신 김부식은 이 책을 편찬하여 바칩니다.

① 농사직설   ② 동의보감
③ 삼국사기   ④ 직지심체요절

04 30회 초급

(가)에 들어갈 내용으로 옳은 것은?

> 한국사 묻고 답하기
> 질문 묘청에 대해 알려 주세요.
> ↳ 답변
> 　↳ 금을 정벌하자고 주장하였어요.
> 　　↳ ［ (가) ］

① 성리학을 도입하였어요.
② 규장각을 설치하였어요.
③ 향약 실시를 건의하였어요.
④ 서경 천도를 주장하였어요.

05 48회 기본

(가) 시기에 있었던 역사적 사실로 옳은 것은?

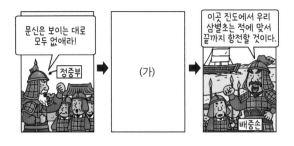

① 김헌창이 난을 일으켰다.
② 최우가 정방을 설치하였다.
③ 묘청이 금 정벌을 주장하였다.
④ 서희가 강동 6주를 획득하였다.

06 37회 중급

다음 글이 작성된 당시의 상황으로 옳은 것은?

> 엎드려 보건대, 적신(賊臣) 이의민은 성품이 사납고 잔인하여 윗사람을 업신여기고 아랫사람을 능멸하였습니다. 임금 자리를 흔들고자 하니, 재앙의 불길이 커져 백성이 살 수 없으므로 신(臣) 최충헌 등이 폐하의 위령(威靈)에 힘입어 일거에 소탕하였습니다. 원컨대 폐하께서는 옛 정치를 고쳐 새로운 정치를 도모하시고, 태조의 바른 법을 행하여 빛나게 중흥하소서. 삼가 봉사 10조를 올립니다.

① 무신이 권력을 장악하였다.
② 6두품이 국왕을 보좌하였다.
③ 호족이 고려 건국을 주도하였다.
④ 사림이 동인과 서인으로 나뉘었다.

07 33회 초급

(가)에 들어갈 제목으로 옳은 것은?

① 신라 말기 호족의 성장
② 조선 후기 농민의 봉기
③ 무신 집권기 민중의 저항
④ 일제 강점기 독립군의 활동

08 25회 초급

다음 대화에 나타난 사건이 발생한 시기를 연표에서 옳게 고른 것은?

918	1019	1170	1270	1392
(가)	(나)	(다)	(라)	
고려 건국	귀주 대첩	무신 정변	개경 환도	조선 건국

① (가)   ② (나)   ③ (다)   ④ (라)

4. 몽골과의 전쟁과 고려의 개혁

독서 연계 용선생 교과서 한국사 1_156~177쪽

 오늘의 핵심 질문!

고려가 강화도로 수도를 옮긴 까닭은?

원나라는 고려의 정치에 어떻게 간섭했을까?

공민왕의 개혁 내용은?

화려했던 고려의 문화에는 무엇이 있을까?

1231	1232	1270	1356	1377
몽골의 1차 침입	강화도로 수도를 옮김.	개경으로 돌아옴.	공민왕의 반원 개혁	『직지심체요절』 간행

★ 역사반 친구들이 책을 읽고 이야기하고 있어. **오늘의 키워드** 를 보고 문장을 완성해 보자.

오늘의 키워드

강화도　　공민왕　　김윤후　　정동행성　　직지심체요절

용선생 역사반

접속 멤버: 6명

 용선생
몽골에 맞서 싸운 고려!

 나선애
강화도로 이사 중!

 허영심
노비 문서를 불태운 김윤후!

 곽두기
맘대로 왕까지 바꿔버 렸대!

 장하다
이제부터 원나라 풍습 금지!

 왕수재
박병선 박사를 알고 있 니?

 얘들아, '몽골과의 전쟁과 고려의 개혁'에서 생각나는 사건을 한 가지씩 이야기해 볼까?

고려는 수도를 개경에서 ⊙ [　　　] 로 옮기고 몽골에 맞서 싸웠어요.

 육지에서는 ⓒ [　　　] 가 처인성과 충주성에서 승리를 거두기도 했어. 하지만 결국 강력한 몽골의 무력에 항복할 수밖에 없었지.

전쟁은 끝났지만 원나라는 ⓒ [　　　] 이라는 관청을 설치하고 고려의 정치를 간섭했어.

 ⓔ [　　　] 은 원나라의 간섭에서 벗어나기 위해 원나라의 힘을 믿고 횡포 부리던 권문세족도 제거하고 쌍성총관부도 되찾았어.

 세계 최초로 금속 활자도 발명했는데, 『ⓜ [　　　] 』은 남아 있는 가장 오래된 금속 활자 책이야.

01 그림 카드를 보고 일이 일어난 순서대로 나열해 보자.

(가) 처인성 전투

(나) 몽골에 항복

(다) 몽골 사신 저고여의 죽음

(라) 강화 천도

(   ) → (   ) → (   ) → (나)

02 아래 지도를 보고 물음에 답해 보자.

(1) 몽골의 침략 후 고려가 도읍을 옮긴 곳을 찾아 보자.

_____

(2) 삼별초의 근거지를 모두 찾아 이동 경로를 지도에 표시해 보자.

03 역사 잡지의 일부야. ㉠~㉣ 중 알맞지 않은 것을 고르고 바르게 고쳐 써 보자.

고려의 항복, 그 후 이야기

(…) 몽골은 나라 이름을 원나라로 바꾸고, 본격적으로 고려의 내정에 간섭했다. ㉠ 고려의 왕을 원나라 황제가 임명했고, ㉡ 고려 영토의 일부에 동녕부, 쌍성총관부, 탐라총관부를 두고 자신들이 직접 다스리기도 했다. 또 ㉢ 교정도감을 설치해 고려의 내정에 간섭했다. 이때 ㉣ 고려에는 몽골의 문화가 유행했는데 이를 몽골풍이라고 했다.

(1) 틀린 부분: _____

(2) 바르게 고쳐 쓴 내용: _____

04 (가)에 들어갈 왕이 한 일로 알맞은 것은 무엇일까? ( )

███ (가) 때 되찾은 영토

① 명나라의 풍습을 금지시켰어.

② 신돈을 등용해 개혁을 추진했어.

③ 권문세족과 힘을 합하여 고려를 개혁해 나갔어.

④ 젊은 인재를 육성하기 위해 국학을 만들었어.

05 아래 책에 들어갈 내용으로 알맞지 <u>않은</u> 것은 무엇일까? ( )

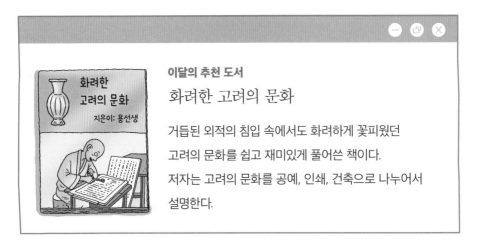

이달의 추천 도서

화려한 고려의 문화

거듭된 외적의 침입 속에서도 화려하게 꽃피웠던
고려의 문화를 쉽고 재미있게 풀어쓴 책이다.
저자는 고려의 문화를 공예, 인쇄, 건축으로 나누어서
설명한다.

①

상감 기법을 사용한 고려청자

②

별을 보기 위해 만든 경주 첨성대

③

배흘림 양식으로 지어진
부석사의 무량수전

④

금속 활자로 찍어 낸 『직지심체요절』

★ 다음은 공민왕의 개혁에 대한 글이야. (가), (나)의 이야기를 읽고 물음에 알맞은 글을 써 보자.

(가) 공민왕은 원나라의 간섭을 받기 이전으로 고려의 제도와 풍습을 돌리려고 했다. 원나라의 풍습을 금지하고 원나라 연호도 사용하지 않았다. 내정 간섭 기구로 남아 있던 정동행성을 없애고, 원나라가 차지한 쌍성총관부 지역도 되찾았다. 오히려 원나라의 힘이 약해진 틈을 타서 북쪽으로 영토를 더 넓히기도 하였다.

또 원나라의 힘을 믿고 횡포를 부리던 세력을 제거했다. 특히 기철은 자신의 누이가 원나라의 *황후가 되자 왕보다 더 큰 권력을 휘두르고 있었는데, 기철을 몰아내어 백성들이 크게 환영했다.

황후 황제의 아내를 말해.

공민왕은 개혁을 계속해 나가기 위해 신돈을 등용하였다. 신돈은 권세가들이 빼앗은 백성의 땅을 원래 주인에게 돌려주고 억울하게 노비가 된 사람들을 양인이 되게 해 주었다. 권문세족의 횡포에 짓눌렸던 백성들은 만세를 불렀다.

(나) # 개경 시내

(백성들이 기뻐하고 있고, 권문세족은 *혀를 차며 백성들을 손가락질 한다. 신진 사대부는 구석에서 조용하게 이야기하고 있다.)

혀를 차다 마음에 들지 않아 못마땅할 때 써.

백성1: 만세! 만세! 우리 전하께서 성인인 신돈님을 등용하셔서 우리를 살게 해 주시네!

백성2: 암! 우리 땅도 되찾아 주고 억지로 노비로 끌려갔던 자식까지 돌아왔으니 성인이고 말고!

백성3: 고려가 계속 이렇게 살기 좋은 곳이었으면 좋겠구면!

권문세족1: 이러다가 진짜 다 죽게 생겼군 그래!

권문세족2: 왜 아니랍니까! 우리 땅을 다 빼앗아 저 천한 것들한테 돌려 주다니요! 우리가 어떤 집안 출신인데!

신진 사대부1: 신돈이 하는 일은 몰라도, 스님 출신이라니 좀 걸립니다. 게다가 그 모친은 절의 종이였다지요?

신진 사대부2: 그렇습니다. 스님이면 스님이든가, 재상이면 재상이든가 하나만 해야지 원! 아무래도 유교 지식이 얕으니 개혁이 성공하기 어려울 듯 합니다.

01 공민왕이 살았던 시기의 여러 문제와 그에 대한 공민왕의 정책을 정리해 보자.

문제	공민왕의 개혁 정책
원나라가 내정에 간섭함.	원나라 연호 금지, 정동행성 폐지
원나라가 고려의 영토를 빼앗음.	㉠
원나라의 힘을 믿고 횡포를 부리는 신하들이 있음.	기철 일당을 몰아냄.
권문세족이 백성의 땅을 빼앗고 강제로 노비로 만듦.	㉡

02 공민왕의 개혁에 대해 당시 사람들은 어떻게 반응했는지 써 보자.

① 백성들 :

② 권문세족 :

③ 신진 사대부 :

03 (가), (나)를 참고하여 공민왕이 시행한 개혁의 내용과 당시 사람들의 반응을 정리한 역사 신문 기사를 써 보자.

제목 : 공민왕의 개혁, 당시 사람들의 생각은 어떠했나?

_____

_____

_____

_____

_____

_____

_____

_____

_____

_____

_____

이름 | 기자

01 37회 초급

다음 가상 대화가 이루어진 시기를 연표에서 옳게 고른 것은?

	918		1019		1170		1356		1392	
		(가)		(나)		(다)		(라)		
	고려 건국		귀주 대첩		무신 정변		쌍성 총관부 탈환		고려 멸망	

① (가)　② (나)　③ (다)　④ (라)

02 33회 초급

다음 검색창에 들어갈 인물로 옳은 것은?

인물 검색　▼

고려 시대 승려 출신 장수이다. 몽골이 쳐들어오자, 처인성에서 싸워 크게 승리하였다. 이후 충주성에서는 사람들에게 "공을 세우면 귀천을 가리지 않고 벼슬을 내릴 것이다."라고 하며 노비 문서를 불태우니, 사람들이 죽음을 무릅쓰고 싸워 몽골군을 물리쳤다.

① 서희　　② 윤관
③ 강감찬　④ 김윤후

03 36회 초급

다음 역사 다큐멘터리의 제목으로 적절한 것은?

쌍성총관부를 공격하여 철령 이북의 땅을 수복하도록 하시오.

① 태조, 북진 정책을 추진하다.
② 광종, 왕권 강화를 추구하다.
③ 성종, 유교적 정치 이념을 채택하다.
④ 공민왕, 반원 자주 정책을 실시하다.

04 47회 기본

다음 조치가 내려진 시기를 연표에서 옳게 고른 것은?

근래에 기강이 크게 무너져 권세가가 토지와 백성을 거의 다 빼앗아 점유하고, 크게 농장(農莊)을 두어 백성과 나라를 병들게 한다. 이제 도감을 설치하여 이를 바로잡고자 하니, 잘못을 알고도 스스로 고치지 않는 자는 엄히 처벌하겠다.
- 전민변정도감 판사 신돈 -

	993		1126		1170		1270		1392	
		(가)		(나)		(다)		(라)		
	거란의 1차 침입		이자겸의 난		무신 정변		개경 환도		고려 멸망	

① (가)　② (나)　③ (다)　④ (라)

05

34회 초급

다음 다큐멘터리에서 볼 수 있는 장면으로 적절한 것은?

> **역사 다큐멘터리**
>
> **고려, 화포를 만들어 싸우다**
>
> 제작: ○○○

① 진포에서 왜구를 격퇴하는 최무선
② 귀주에서 거란을 물리치는 강감찬
③ 별무반을 이끌고 여진을 몰아내는 윤관
④ 처인성에서 몽골군과 싸우는 김윤후

06

42회 초급

(가)에 들어갈 문화유산으로 옳은 것은?

> 문화유산 카드
>
> (가)
>
> • 종목: 국보
> • 소개
> - 귀족 문화의 화려함이 잘 드러남.
> - 표면에 그림을 그려서 파낸 자리에 다른 색의 흙을 메워 유약을 발라 굽는 기법으로 제작됨.

①
미송리식 토기

②
청자 상감 운학문 매병

③
분청사기 철화
연어문 병

④
백자 청화
매죽문 항아리

07

45회 초급

(가)에 들어갈 문화유산으로 옳은 것은?

글씨가 새겨진 목판에 먹물을 바르고 종이를 덮어 톡톡 두드리니 글씨가 찍혀 나와요.

우리가 찍어 내고 있는 것은 (가) 내용의 한 부분이에요. (가) 은/는 고려 시대에 부처의 힘으로 몽골의 침략을 물리치려는 마음을 담아 만들어진 것입니다.

① 삼국사기
② 팔만대장경
③ 직지심체요절
④ 월인천강지곡

08

43회 초급

(가)에 들어갈 문화유산으로 옳은 것은?

이 책에 대해 소개해 주시겠습니까?

프랑스 국립 도서관에서 근무하던 박병선 박사가 이 책을 연구하여 지금까지 남아 있는 금속 활자 인쇄본 가운데 세계에서 가장 오래된 것이라는 사실을 밝혀냈습니다.

① 경국대전
② 농사직설
③ 동의보감
④ 직지심체요절

⑧ 조선의 건국과 발전

교과 연계

초등 사회(5-2) 1-3. 민족 문화를 지켜 나간 조선
중학 역사② Ⅳ. 조선의 성립과 발전

태조 어진
이성계의 초상화야.
왕의 초상화를
어진이라고 해.
국보.

| 고려 | 1392년 조선 건국 | 1446년 훈민정음 반포 | 1592년 임진왜란 | 1636년 병자호란 | 조선 후기 |

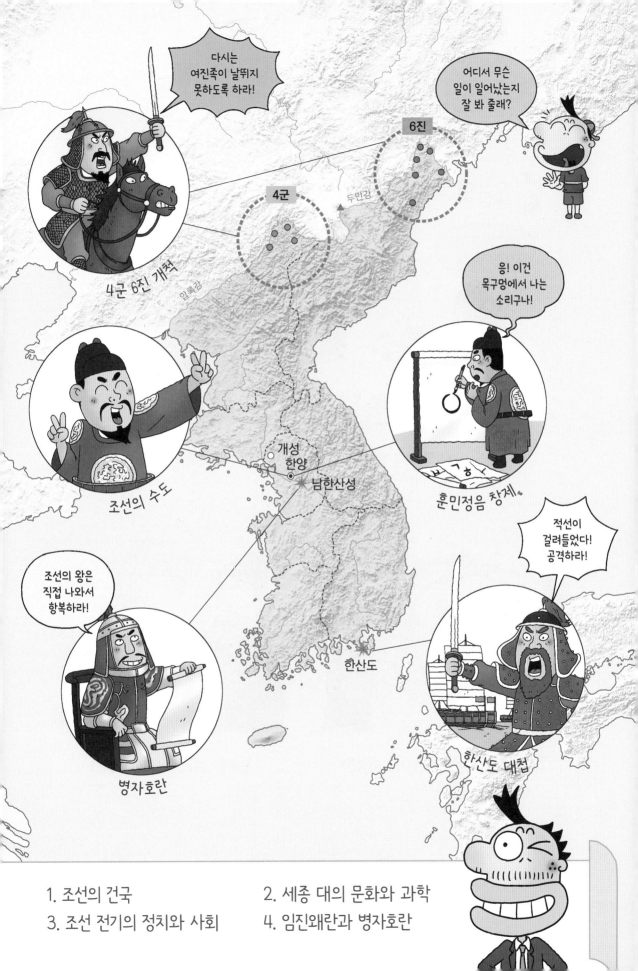

1. 조선의 건국

독서 연계 용선생 교과서 한국사 1_180~199쪽

 오늘의 핵심 질문!

신진 사대부의 개혁 방법은?

정몽주와 정도전이 대립한 이유는?

한양이 수도로서 가지는 이점은?

왕권을 강화한 태종의 방법은?

1388	**1392**	**1394**	**1398**	**1413**
위화도 회군	조선 건국	한양 천도	왕자의 난	8도 정비

STEP 1 ★ 키워드 확인하기

★ 역사반 친구들이 이야기하고 있어. **오늘의 키워드** 를 보고 문장을 완성해 보자.

오늘의 키워드

이성계   정도전   정몽주   8도   한양

용선생 역사반

접속 멤버: 6명

 용선생
다들 책 읽어 왔지?

 곽두기
새 나라 조선의 탄생!

 허영심
정도전은 도전!
정몽주는 몽실몽실!

 나선애
정몽주를 기리며….

 왕수재
조선은 이사 중!

 장하다
팔도 유람도 식후경!

 얘들아, 읽어 온 '조선의 건국' 가운데 기억나는 사건을
한 가지씩 이야기해 볼까?

㉠〔　　　　　〕가 위화도 회군으로 권력을 잡았어요.
그리고 신진 사대부와 함께 과전법을 시행했어요.

 그런데 신진 사대부인 정도전과 정몽주는 개혁의
방향을 두고 서로 갈등했어.

맞아. ㉡〔　　　　　〕은 새 나라를 세워야 한다고 생각했고,
㉢〔　　　　　〕는 고려를 유지한 채 개혁해야 한다고
생각했지. 결국 정몽주는 이방원에게 죽임을 당했어!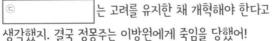

 이성계는 조선을 건국하고 수도를 ㉣〔　　　　〕으로
옮겼어.

정몽주를 죽인 이방원 있지? 이방원은 훗날 태종이 되었어.
태종은 사병을 없애고, 전국을 ㉤〔　　　　〕로 나눠
관찰사를 파견했지. 그리고 호패법도 실시했어.

01 신진 사대부에 대한 설명으로 알맞지 <u>않은</u> 것은 무엇일까? ( )

① 신진 사대부들은 과전법을 실시해 토지 제도를 개혁했어.

② 신진 사대부는 개혁의 방향을 두고 갈등했어.

③ 정도전은 고려를 무너뜨리고 새 나라를 세우자고 했어.

④ 정몽주는 정도전을 제거하고 조선을 건국했어.

02 두 사람이 자신의 생각을 시로 표현하고 있어. ㉠, ㉡ 인물에 대한 설명으로 옳은 것은?

( )

이런들 어떠하며 저런들 어떠하리
만수산 드렁칡이 얽어진들 어떠하리
우리도 이같이 얽혀져 백 년까지 누리리라.
지은이: [㉠], 〈하여가〉

이 몸이 죽고 죽어 일백 번 고쳐 죽어
백골이 진토되어 넋이라도 있고 없고
님 향한 일편단심이야 가실 줄이 있으랴.
지은이: [㉡], 〈단심가〉

① ㉠은 개경에서 이성계의 군대에 맞서 싸웠어.

② ㉡은 유교 정신에 따라 한양을 설계했어.

③ ㉠은 ㉡에게 새 나라를 세워 잘살아 보자는 뜻을 전했어.

④ ㉡은 ㉠에게 죽어서도 그대와 함께 하겠다고 다짐했어.

03 아래 자료를 보고 물음에 답해 보자.

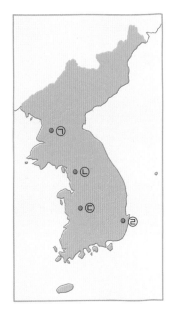

(1) 지도에서 조선의 수도 한양을 찾아 기호를 써 보자.

_____

(2) 한양이 수도로서 갖는 이로운 점을 빈칸의 초성을 이용해 완성해 보자.

① ┌─────────┐ 이 편리함.
　　│　　ㄱ ㅌ　　│
　　└─────────┘

② ┌─────────┐ 의 침입에 방어하기가 좋음.
　　│　　ㅇ ㅈ　　│
　　└─────────┘

③ ┌─────────┐ 가 있어 농사짓기 좋음.
　　│　　ㅍ ㅇ　　│
　　└─────────┘

④ 강으로 연결되어 ┌─────────┐ 를 거두기 유리함.
　　　　　　　　　　│　　ㅈ ㅅ　　│
　　　　　　　　　　└─────────┘

04 조선 시대의 「도성도」를 보고, (가)~(라)에 들어갈 건물의 이름을 써 보자.

(가) 조선의 첫 번째 궁궐

(다) 토지와 곡식의 신에게 제사를 지내던 곳.

(나) 왕실의 조상에게 제사를 지내던 곳.

(라) 한양의 동쪽 대문으로 동대문이라고도 함.

(가) _____　　(나) _____　　(다) _____　　(라) _____

05 인물 카드의 뒷면에 들어갈 내용으로 알맞은 것을 두 가지 써 보자.

인물 카드	한 일
태종 (재위 1400~1418)	사병을 없앰
	㉠
	㉡

㉠ _____

㉡ _____

06 조선의 건국 과정을 일어난 순서대로 바르게 나열해 보자.

(가) 이성계가 왕이 됨.　　　　　　(나) 한양 천도

(다) 위화도 회군　　　　　　(라) 신진 사대부가 갈등함.

(다) → (　　) → (　　) → (　　)

★ 다음은 조선의 중앙 정치 제도에 대한 글이야. (가), (나)의 이야기를 읽고 물음
에 알맞은 글을 써 보자.

(가) # 의정부 내부

우의정: 어허, 공조에서 전하의 명령대로 새로 지을 *별궁의 위치를 전
하께 보고하였다고 합니다. 올해는 흉년이 들어 새로 궁궐을 짓
기에 좋은 때가 아니지 않습니까?

영의정: 전하께서 하고 싶으신 대로만 나랏일이 정해지는 게 아닌가 싶
소.

좌의정: 업무를 보고하는 방식이 바뀔 때부터 이미 예상했던 일이 아닙
니까? ㉠ 육조에서 우리 의정부를 거치지 않고 전하께 바로
업무를 보고하고, 전하께선 육조에 바로 명령을 내리시니 우
리 재상들이 할 일이 없어요. 지금 의정부가 하는 일이라고는
사형수의 죄를 다시 살펴보는 정도이니 거참….

우의정: 반대로 전하께선 나랏일을 손아귀에 넣으신 것이나 다름없습
니다. 왕의 권한이 이렇게 컸던 적이 없었어요.

영의정: *선왕 시절에는 좋았지요. ㉡ 모든 업무는 의정부에서 재상들
의 논의를 거쳐 전하께 보고되고, 전하께서 결정하신 일도 의
정부에서 논의한 후에 육조로 전달되니 지금처럼 전하의 뜻대
로 무리하게 일을 시행하는 일은 없었는데 말이에요.

좌의정: 그때는 나랏일이 의정부를 중심으로 돌아가니 재상들이 할 일
도 무척 많지 않았습니까? 비록 몸은 바빴어도 마음은 편했는
데 그것도 다 옛일이 됐어요.

별궁 특별히 따
로 지은 궁궐을
말해.

선왕 현재의 왕
보다 앞선 시절
의 왕이야.

재상 임금을
돕고 신하들을
지휘하고 감독
하던 높은 벼슬
의 관리를 말해.

아둔 머리가
나쁘고 행동이
둔할 걸 말해.

(나) 정도전은 『조선경국전』에서 신하들의 대표인 *재상이 정치를 주도해야 한다고 강조했다. 신하들은 엄격한 과거 시험을 거쳐 벼슬길에 나서므로 우수할 수밖에 없다. 그리고 신하들 중에서도 가장 뛰어나고 일을 잘하는 사람들이 승진해서 재상이 된다. 따라서 재상이 임금을 도우며 나랏일을 살펴야 한다는 것이 정도전의 생각이었다.

　재상과 달리 왕은 현명할 수도 있고 반대로 *아둔할 수도 있다. 또한 왕은 마음씨가 선할 수도 있지만 포악할 수도 있다. 왕은 왕의 자식으로 태어나기만 하면 능력이나 성품과 상관없이 누구든 왕이 될 수 있기 때문이다. 그래서 정도전은 왕이 해야 할 일이란 직접 정치를 하는 것이 아니라 뛰어난 사람을 재상으로 앉히는 일이라 생각했다.

01 다음은 (가)의 밑줄 친 ㉠과 ㉡에 해당하는 조선 시대 중앙 통치 제도인 육조직계제와 의정부 서사제를 정리한 표야. (가)를 읽고 빈칸을 채워 보자.

정치 제도	국왕 / 의정부 / 6조 (보고 ↑ 명령 ↓) 육조 직계제	국왕 / 의정부 / 6조 (건의 / 허락 / 보고 / 명령) 의정부 서사제
운영 방식	㉠	6조에서 업무를 의정부에 보고하면, 의정부의 재상들이 검토한 후 왕에게 보고함.
왕의 권한	㉡	뛰어난 신하를 재상으로 앉히고 정치를 이끌게 함. 왕의 권한 약함.
재상의 권한	사형수의 재심 등 부수적인 업무만 맡아 권한이 작음.	㉢

02 (나)의 정도전의 생각과 맞지 <u>않은</u> 것은 무엇일까? ( )

① 재상은 우수한 사람만 될 수 있어.
② 모든 왕이 현명한 사람일 거라 장담할 순 없지.
③ 크고 작은 나랏일을 모두 왕이 직접 관리해야 해.
④ 왕이 포악한데 권한이 너무 크다면 나라에 문제가 생길 거야.

03 (나)의 정도전이라면 의정부 서사제와 육조 직계제 중 어떤 제도의 시행을

주장할지와 그 까닭을 써 보자.

모든 것을
과인이 직접 듣고
결정하겠노라!

01 46회 초급

(가)~(다)를 일어난 순서대로 옳게 나열한 것은?

(가)	(나)	(다)

위화도 회군	과전법 제정	이성계 즉위

① (가)-(나)-(다)　　② (나)-(가)-(다)

③ (나)-(다)-(가)　　④ (다)-(나)-(가)

02 26회 초급

(가)에 들어갈 내용으로 옳지 <u>않은</u> 것은?

> 질문 조선 건국에 대해 알려 주세요.
>
> 답변
>
> ⇨ | (가) |
>
> ⇨ 정도전이 도성 설계에 주도적인
> 　역할을 하였어요.

① 이성계가 나라를 세웠어요.

② 호족이 건국의 중심 세력이었어요.

③ 유교가 국가 통치의 근본이념이었어요.

④ 나라 이름을 고조선을 계승한다는 뜻에
　서 조선이라 했어요.

03 41회 초급

다음에서 설명하는 인물은 누구일까?

① 문익점　　　　② 이규보

③ 정도전　　　　④ 최치원

04 34회 초급

(가) 인물에 대한 설명으로 옳은 것은?

① 4군 6진을 개척하여 영토를 넓혔다.

② 불씨잡변을 지어 불교를 비판하였다.

③ 인내천을 내세우며 동학을 창시하였다.

④ 조선 건국을 반대하다 죽임을 당하였다.

05 46회 초급

(가)에 들어갈 문화유산 스탬프로 옳은 것은?

다음 설명에 해당하는 문화유산 스탬프를 찍으세요.

첫 번째	두 번째	세 번째
근정전, 강녕전 등이 있는 조선의 궁궐	역대 왕과 왕비의 신주를 모신 곳.	반달 모양의 옹성을 갖춘 한양 동쪽의 성문
경복궁	(가)	흥인지문

① 사직단

② 종묘

③ 명동 성당

④ 성균관

06 28회 초급

다음 설명에 해당하는 문화유산으로 옳은 것은?

이곳은 나라에서 토지와 곡식의 신에게 제사를 지내던 장소입니다. 조선이 농업을 중시했다는 사실을 알 수 있습니다.

① 종묘   ② 보신각
③ 사직단   ④ 환구단

07 34회 초급

밑줄 그은 '왕'의 업적으로 옳은 것은?

왕께서 전국을 8도로 나누고 관리를 파견 하셨다네.

지난번에는 왕족과 공신들의 사병을 없애셨지.

① 균역법을 시행하였다.
② 장용영을 설치하였다.
③ 호패법을 실시하였다.
④ 훈민정음을 창제하였다.

08 50회 기본

밑줄 그은 '이것'으로 옳은 것은?

조선 시대로
떠나는 시간 여행

조선 시대 16세 이상의 남자들이 신분을 증명하기 위해 몸에 차고 다녔던 이것을 관람하고, 직접 만들어 보는 체험 활동이 이루어집니다.

· 일시: 2020년 ○○월 ○○일~○○일
· 장소: ◇◇ 민속촌 전시실 및 체험실

① 교지   ② 족보
③ 호패   ④ 공명첩

2. 세종 대의 문화와 과학

독서 연계 용선생 교과서 한국사 1_200~217쪽

 오늘의 핵심 질문!

조선은 이웃 나라들과 어떻게 지냈을까?

집현전은 어떤 곳일까?

세종 대에 발명한 다양한 과학 기구는?

세종이 우리글을 만든 까닭은?

1416	1419	1420	1434	1446
4군 설치 (~1443)	쓰시마섬 정벌	집현전 설치	6진 설치 (~1449)	훈민정음 반포

STEP 1 ★ 키워드 확인하기

★ 역사반 친구들이 책을 읽고 이야기하고 있어. 오늘의 키워드 를 보고 문장을 완성해 보자.

오늘의 키워드

| 농사직설 | 4군 6진 | 집현전 | 측우기 | 훈민정음 |

용선생 역사반

접속 멤버: 6명

 용선생
책은 읽고 왔겠지?

 장하다
압록강과 두만강을
국경으로!

 왕수재
독서를 위한 휴가도
주었지!

 허영심
우리 땅과 날씨에 맞는
농사법!

 곽두기
해시계는 솥뚜껑을 뒤
집어 놓은 것 같아!

 나선애
양반들은 언문이라며
무시했대.

 '세종 대의 문화와 과학' 가운데 기억나는 것을 한 가지씩
이야기해 보자.

나라가 안정되어야 문화도 발전할 수 있어요. 그래서
세종은 최윤덕과 김종서로 하여금 북쪽의 여진족을 물리치고
⑦ [   ] 을 설치하게 했어요.

 또 세종은 ⓒ [   ] 을 만들어 학자들이 학문 연구에
집중할 수 있는 환경을 만들었어.

 세종 대에는 과학 기술도 크게 발전했어. 우리 환경에 맞는
농사법을 연구해 『ⓒ [   ]』을 펴냈지.

간의, 혼천의 같은 별자리 측량 도구와 앙부일구, 자격루와
같은 시계도 개발했어요.
또 ② [   ] 도 만들어 비의 양을 측정했지요.

 난 세종의 최고 업적은 우리글인 ⑩ [   ] 을
창제하고 반포한 것이라고 생각해. 차츰 널리 퍼져
일반 백성들도 글을 읽고 쓸 수 있게 됐잖아!

01 조선 전기의 대외 관계에 대한 내용으로 알맞지 <u>않은</u> 것은 무엇일까? ( )

① 조선은 수시로 명나라에 사신을 보냈어.

② 조선은 명나라와 사대 관계를 맺었어.

③ 세종은 별무반을 보내 여진을 정벌했어.

④ 이종무는 왜구의 본거지인 쓰시마섬을 공격했어.

02 아래 지도를 보고 물음에 답해 보자.

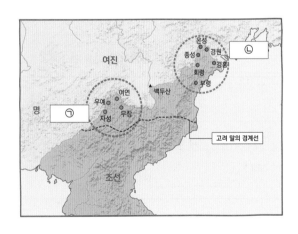

(1) 세종이 여진을 정벌하고 설치한 ㉠, ㉡을 각각 무엇이라고 하는지 써 보자.

㉠ _____

㉡ _____

(2) 빈칸에 들어갈 강으로 알맞은 것을 골라 보자. ( )

세종 대 ㉠, ㉡ 지역을 개척하면서, 압록강과 [   ]을 경계로 하는 국경선이 만들어졌다.

① 낙동강 ② 대동강 ③ 두만강 ④ 한강

03 세종 대에 만들어진 과학 기구들이야. 보기 를 보고 각각 빈칸을 알맞게 채워 보자.

(1)

ⓐ 이름: _____

ⓑ 태양과 달, 별들의 움직임을
   알 수 있는 _____
   측량 도구.

(2)

ⓐ 이름: _____

ⓑ _____가 내린 양을 측정
   할 수 있는 도구.

(3)

ⓐ 이름: _____

ⓑ 해의 움직임에 따라 그림자로
   시각을 알 수 있는 _____.

(4)

ⓐ 이름: _____

ⓑ 자동으로 종이나 북을 쳐
   시간을 알리는 _____.

보기   물시계 별자리 비 양부일구 자격루 측우기 해시계 혼천의

04 아래는 경복궁 수정전이야. 나선애의 설명에서 밑줄 친 '이 기관'이 어디인지 써 보자.

이곳은 세종 때 <u>이 기관</u>으로 사용한 건물입니다. 세종은 학자들이 학문 연구에 집중할 수 있도록 궁궐 안에 이 기관을 만들었어요. 덕분에 많은 책이 간행되었답니다.

05 ㉠에 들어갈 단어와 세종이 ㉠을 만든 까닭을 써 보자.

10월 9일!

한글날

10월 9일 한글날은 세종이

☐ ㉠ ☐ (한글)을 만든

것을 기념하는 날이다.

(1) ㉠:

(2) ㉠을 만든 까닭:

★ 다음은 『조선왕조실록』에 대한 글이야. (가), (나)의 이야기를 읽고 물음에 알맞은 글을 써 보자.

(가) 조선은 새 왕이 즉위하면 이전 왕의 역사를 *실록으로 편찬했는데, 첫 번째 왕인 태조부터 역대 왕들의 실록을 묶어 『조선왕조실록』이라 한다.

『조선왕조실록』은 역사적 사실을 후손에게 기록으로 남겨 주기 위해 만들어졌다. 이를 위해 사관은 매일 왕을 따라다니며 왕과 그 주변에서 일어난 일을 낱낱이 기록하고 그 *사초를 담당 기관에 제출했다. 또 사초에 적기 힘든 비밀 사항 등은 따로 작성해 집에 보관해 두었다가 실록이 편찬될 때 제출했다.

『조선왕조실록』은 왕이라 할지라도 함부로 내용을 보거나 수정할 수 없었다. 이는 사관들이 왕의 눈치를 보지 않고 역사를 올바르게 기록할 수 있게 하기 위함이다. 만약 왕이 특정 기록을 보고 싶으면 신하에게 그 부분을 베껴 써 오게 하여 해당 부분만 볼 수 있었다.

실록뿐만 아니라 사관이 기록한 사초도 사관을 제외한 그 누구도 보지 못했으며, 실록이 완성되면 사초를 모두 없애 사관들이 피해를 입지 않게 했다. 만약 사초를 기록하고 보관한 사관이 관련한 내용을 *누설할 경우 무거운 죄로 처벌했다.

이런 이유로 실록은 왕과 관리들이 바른 통치를 하게 하는 수단이 되기도 했다. 자신의 말과 행동이 모두 기록되어 역사에 남기 때문이다. 『조선왕조실록』은 그 가치를 인정받아 1997년에 유네스코 세계 기록 유산으로 등재되었다.

실록 한 임금이 나라를 다스리는 동안에 있었던 일들을 날짜별로 꼼꼼히 적은 책이야.

사초 사관이 평소에 기록한 글이야. 실록의 기본 자료가 되었지.

누설 비밀이나 정보가 새어나가는 걸 말해.

(나) 왕이 활과 화살을 가지고 말을 달려 노루를 쏘다가 말이 거꾸러져 말에서 떨어졌으나 몸에 상처를 입지는 않았다. 왕이 주변을 돌아보며 말하기를, "내가 말에서 떨어진 것을 사관이 알지 못하게 하라." 하였다.

『태종실록』

임금이 말하길 "『태종실록』을 춘추관에서 편찬을 마쳤으니 내가 한번 보려고 하는데 어떠한가?" 하니, 신하들이 말하길 "실록이란 당시의 모든 일을 사실대로 기록했다가 *후세에 보이기 위해 만든 것입니다. 전하께서 만일 실록을 보고 고치시면 후세의 임금이 이를 본받아 행할 것이요, 사관 또한 군왕이 볼 것을 의심하여 사실을 반드시 다 기록하지 않을 것이니 어찌 후세에 그 진실함을 전하겠습니까." 하니, 임금이 "알겠다." 하였다.

『세종실록』

후세 다음에 오는 세상 혹은 다음 세대의 사람들을 말해.

01 (가)를 읽고 『조선왕조실록』의 특징을 정리했어. 아래의 표를 완성해 보자.

구성	조선 시대 역대 왕들의 기록
만든 까닭	㉠
특징	* 사관이 왕을 따라다니며 기록한 사초를 가지고 만들었다. ㉡ _____ * 1997년 유네스코 세계 기록 유산에 등재되었다.

02 (나)의 두 가지 실록 자료를 통해 추측할 수 있는 내용을 모두 골라 보자.

(   )

① 사초는 누구나 수정할 수 있었다.

② 실록은 왕이라고 할지라도 쉽게 볼 수 없었다.

③ 사관이 왕과 관련된 일을 낱낱이 기록했다.

④ 왕은 실록을 당장 참고하며 보기 위해 만들었다.

03 (가)와 (나)를 바탕으로 조선 시대의 사관이 되어 아래의 연산군을 비판하는 글을 써 보자.

> 왕이 말하기를 "김일손의 사초를 모두 가져오라!"고 했다.
> 이에 실록청 관리는 "예로부터 사초는 임금이 스스로 보지 않는다."
> 고 했지만 왕은 하나도 빠짐없이 가져오라고 했다.
>
> 『연산군일기』

실록 좀 보면
안 되는 것이냐!

01 31회 초급

다음 두 인물의 업적으로 확장된 국경선을 지도에서 옳게 찾은 것은?

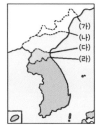

① (가)   ② (나)   ③ (다)   ④ (라)

02 44회 초급

다음 가상 인터뷰에 등장하는 왕의 업적으로 옳은 것은?

① 규장각을 설치하였다.
② 농사직설을 편찬하였다.
③ 경국대전을 완성하였다.
④ 백두산정계비를 세웠다.

03 42회 초급

(가)에 들어갈 내용으로 옳은 것은?

> **집현전** 검색 결과
> ┗ 세종 때 확대 개편
> ┗ [(가)   ]
> ┗ 정인지, 성삼문 등이 활약함.
> ┗ 세조 때 폐지됨.

① 신문을 발행함.
② 병든 백성을 치료함.
③ 학문 연구를 담당함.
④ 군사 훈련을 실시함.

04 26회 중급

밑줄 그은 '이 책'으로 옳은 것은?

> <u>이 책</u>은 백성들이 유교 윤리를 쉽게 알 수 있도록 우리나라와 중국의 효자, 충신, 열녀들의 모범 사례를 모아 편찬되었다. 글을 모르는 사람도 이해할 수 있도록 글과 함께 그림으로 되어 있다.

① 동의보감   ② 악학궤범
③ 삼강행실도   ④ 국조오례의

05 36회 초급

다음 퀴즈의 정답으로 옳은 것은?

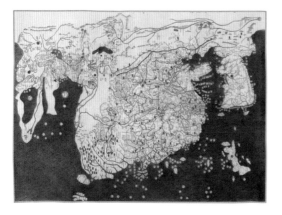

이 지도는 조선 초기에 그려진 세계 지도로, 조선과 중국은 물론 아프리카와 유럽까지 그려져 있습니다. 이를 통해 당시의 세계관을 알 수 있습니다. 이 지도의 이름은 무엇일까요?

① 대동여지도 ② 동국대지도
③ 곤여만국전도 ④ 혼일강리역대국도지도

06 46회 초급

다음 가상의 표창장을 받은 인물로 옳은 것은?

표창장

성명: △△△

위 사람은 노비 출신의 한계를 극복하고 혼천의와 자격루 등 다양한 기구의 제작에 참여하여 조선의 과학 기술 발전에 크게 기여하였기에 표창합니다.

○○○○년 ○○월 ○○일
조선 국왕

① 장영실 ② 정몽주
③ 최무선 ④ 홍대용

07 40회 초급

다음 기사가 설명하는 기구로 옳은 것은?

□□신문

조선, 세계 최초로 강우량 측정 기구를 제작하다

조선은 백성의 생활을 안정시키고자 과학 기술의 발전에 힘썼다. 특히 농업을 중시하여 비가 내린 양을 측정하는 기구를 제작하였다.

①  거중기
②  자격루
③ 측우기
④ 앙부일구

08 30회 초급

(가)에 위치할 문화유산으로 옳은 것은?

①  자명종
② 측우기
③ 혼천의
④ 앙부일구

3. 조선 전기의 정치와 사회

독서 연계　용선생 교과서 한국사 1_218~237쪽

 오늘의 핵심 질문!

세조와 성종이 제도를 정비한 방법은?

사림은 어떤 사람들일까?

조선을 유교의 나라라고 부르는 이유는?

조선에는 어떤 신분이 있었을까?

1453	**1485**	**1498**	**1506**	**1543**
계유정난	『경국대전』 완성	무오사화	중종반정	백운동 서원 (소수 서원) 건립

★ 역사반 친구들이 책을 읽고 이야기하고 있어. 오늘의 키워드 를 보고 문장을 완성해 보자.

오늘의 키워드

경국대전 　 사림 　 서원 　 양반 　 유교

용선생 역사반

접속 멤버: 6명

 용선생
다들 책은 읽어 왔겠지?

 허영심
조선의 사회 질서를 다 진 법전!

 장하다
선배 관리 감독하는 깐 깐한 후배!

 곽두기
쓰러질 듯 쓰러지지 않 는 오뚝이처럼!

 나선애
봉우유신하며 지내자!

 왕수재
과거 급제하면 기분이 어떨까?

 '조선 전기의 정치와 사회' 가운데 기억나는 것을 한 가지씩 이야기해 보자.

 『　⊙　』은 세조 대에 만들기 시작해 성종 대에 완성한 조선 최고의 법전이에요.

성종은 젊은 선비를 선발해 사헌부, 사간원, 홍문관 등 3사의 관리로 임명했어. 점차 이들은 세력을 이루었는데, 선비들의 무리라는 뜻으로 　ⓒ　 이라고 불러.

↳ 사림은 네 차례에 걸친 사화로 큰 희생을 치렀어요. 하지만 지방에 　ⓒ　 을 세워 학문을 연구하며 힘을 키웠지요.

 조선 시대에는 왕과 신하, 백성 모두가 　ⓔ　 의 가르침을 따랐어. 세종 대에는 효자·충신·열녀의 사례를 모아 만든 『삼강행실도』를 만들어 보급했어.

조선 시대 사람들은 태어나면서부터 신분이 정해져 있었어. 　ⓜ　 , 중인, 상민, 천민으로 구분되었지.

01 조선의 왕을 순서대로 쓰고 있어. (가)의 왕이 한 일로 알맞지 <u>않은</u> 것은 무엇일까?　(　　　)

세종 → 문종 → 단종 → (가)

① 호패법을 완전히 폐지했어요.

② 단종을 몰아내고 왕위에 올랐어요.

③ 6조에서 왕에게 직접 보고하게 했어요.

④ 많은 공신을 책봉해 자신의 편으로 만들었어요.

02 빈칸에 들어갈 알맞은 왕의 이름을 써 보자.

이달의 문화유산

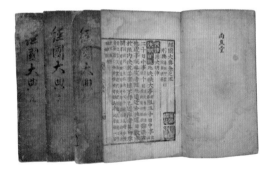

『경국대전』

· 종목: 보물
· 시대: 조선 시대
· 종류: 법전

　『경국대전』은 조선의 행정 부처인 6조에서 맡은 업무를 기준으로 순서대로 엮은 법전이다. 이 법전은 세조 때 만들기 시작했으며, 이후 [　　　　] 때 완성되어 반포되었다.

　『경국대전』은 500여 년 동안 조선 최고의 법전으로 모든 법전의 기준이 되었다.

03 다음은 조선 시대에 일어난 여러 사화를 설명한 글이야. 보기 에서 알맞은 말을 찾아 (가)~(라)의 빈칸을 채워 보자.

> 보기   갑자   무오   윤원형   조광조

(1) 연산군은 김종직이 쓴 조의제문이 세조를 비난한 글이라 하여 수많은 사람을 처벌하였다.   → ⬚⬚⬚ 사화

(2) 연산군이 자신의 어머니의 죽음과 관련된 신하들을 대거 처벌하였다.

　　　　　　　　　　　　　　　　　　　　　　→ ⬚⬚⬚ 사화

(3) 중종과 대신들이 개혁 정책을 추진하던 ⬚⬚⬚⬚ 와 그의 무리를 쫓아내었다.

　　　　　　　　　　　　　　　　　　　　　　→ 기묘사화

(4) 명종의 어머니 문정 왕후와 외삼촌인 ⬚⬚⬚⬚ 이 반대파를 없앴다.

　　　　　　　　　　　　　　　　　　　　　　→ 을사사화

04 다음은 조선 시대의 교육 기관에 대한 설명이야. ㉠, ㉡에 들어갈 말을 채워 보자.

⬚ ㉠ ⬚ 은 사립 교육 기관으로 선비들이 성리학을 공부하고, 성리학에서 모시는 옛 성현들에게 제사도 지내는 곳이야. 조선 최초의 ⬚ ㉠ ⬚ 은 중종 대 주세붕이 세운 백운동 ⬚ ㉠ ⬚ 이야. 이후 명종은 이곳에 ⬚ ㉡ ⬚ 이라는 이름을 새긴 현판을 내려 주고 책, 토지, 노비 등도 보내 주었어.

▲ 경북 영주에 위치한 ⬚ ㉡ ⬚

㉠ _____   ㉡ _____

05 ㉠~㉣ 중 조선의 문화에 대한 설명으로 알맞지 <u>않은</u> 것을 골라 바르게 고쳐 써 보자.

> 조선은 ㉠ 왕부터 신하, 백성 모두가 유교의 가르침을 따르던 나라로 백성들에게 유교를 보급하기 위해 힘썼다. 특히 세종은 효자·충신·열녀의 사례를 모아 『삼강행실도』를 만들었다. ㉡『삼강행실도』는 어린이와 백성을 위해 그림을 곁들여 설명한 책이다.
>
> ㉢ 한편 지방에서는 지방관의 주도로 향약을 만들어 사회 질서를 바로 잡으려고 했다. 이렇게 ㉣ 국가와 사림의 노력으로 유교 문화가 확산되었다.

(기호) _____ → _____

06 조선 시대에는 다양한 신분이 있었어. 설명을 보고 각 신분을 알맞게 써 보자.

(1)

조선의 지배층.
글공부를 하고 관리가 됨.

(2)

기술 관리나 지방의 하급 관리.

(3)

농민이나 상인, 수공업자.

(4)

최하층 신분으로 대부분 노비.

★ 다음은 조선 시대 향약에 대한 글이야. (가), (나)의 이야기를 읽고 물음에 알맞은 글을 써 보자.

(가) 조선의 *향촌 사회는 이전부터 마을 단위로 공동체 생활을 하며 서로를 돕는 풍습이 있었다. 사림은 이 풍습에 삼강오륜 등 유교 윤리를 더해 향촌 자치 *규약인 향약을 만들었다.

본래 향약은 중국 북송 학자인 여씨와 그의 형제들이 일가친척과 마을 사람들을 가르치고 이끌기 위해 만든 「여씨향약」에서 시작되었다. 이것을 중종 때 조광조와 김안국 등이 한글로 번역하여 향촌에 널리 보급하였다. 기묘사화가 일어나 조광조와 사림 세력이 제거되자 잠시 주춤했으나 이후에도 사림은 향약을 이용하여 향촌 사회에서 자신의 영향력을 키워 나갔다.

조선 최고의 성리학자인 이황과 이이도 「여씨향약」을 우리 향촌에 맞게 만들어 널리 퍼뜨렸다. 이황은 예안(경북 안동)에서 「예안향약」을 만들었고, 이이는 시기와 장소에 따라 「서원향약」, 「해주향약」 등 여러 향약을 만들어 보급하였다.

한편, 사림은 향약을 잘 지킨 백성에게는 상을 주고 어긴 사람에게는 벌을 주어 향촌의 백성들이 유교의 가르침을 잘 따르도록 했다. 그 결과 향촌 사회에서 사림의 영향력은 점점 커졌고, 향촌에서도 유교적 질서가 확산되었다.

(나) # 한적한 농촌에서 양반 A, B가 만남
양반 A: 대감, 고을의 소식을 들으셨습니까?
양반 B: 집에 도적이 늘고, 서로 의심하여 주먹다짐을 하는 일이 *비일비재 하다고 합니다.

향촌 중앙과는 거리가 있는 군현의 마을을 뜻해.

규약 여럿이 다 같이 지키기로 정한 규칙이나 약속을 말해.

비일비재 어떤 일이 많이 일어나는 걸 말해.

흥흥하다 분위기가 술렁술렁해 어수선한 걸 말해.

> 양반 A: 어려울 때일수록 서로 돕고 살아야 하거늘, 인심이 나날이 *흥흥해지고 있어요. 풍속을 바꿀 방도가 필요한데….
>
> 양반 B: 중국의 「여씨향약」을 널리 알리면 어떨까요?
>
> 양반 A: 「여씨향약」이라면 착한 일을 서로 권하고(덕업상권, 德業相勸), 잘못된 것은 서로 규제하며(과실상규, 過失相規), 예의로 서로 사귀고(예속상교, 禮俗相交), 어려운 일은 서로 돕는다(환난상휼, 患難相恤)는 내용의 규약 아닙니까?
>
> 양반 B: 예부터 서로 돕고 살던 우리 풍속에 이런 규칙을 더한다면 풍속이 나날이 아름다워질 것입니다.

01 (가)를 읽고, 향약에 대한 내용을 정리해 보자.

의미	향촌의 자치 규약
유래	㉠
보급	㉡
사림의 역할	향약을 잘 지킨 사람에게는 상을 주고, 안 지킨 사람에게는 벌을 줌.
영향	㉢

02 (나)의 「여씨향약」의 덕목과 거리가 <u>먼</u> 사람은 누구일까?　　(　　　)

① 이웃집 아주머니를 만날 때마다 인사하는 곽두기
② 친구에게 양로원 봉사 활동을 함께 가자고 한 장하다
③ 남의 물건을 훔친 친구를 괜찮다며 감싸 준 왕수재
④ 다리를 다친 친구를 대신해 가방을 들어 준 나선애

03 (나)의 향약의 덕목을 참고하여 화목한 우리 반을 만들기 위한 향약을 만들어

보자.

┌─────────────────────────────────────┐
│　　　　　┌─────────────┐ 향약 │
│　　　　　└─────────────┘ │
├─────────────────────────────────────┤
│ │
│ 　우리 학급이 꼭 지켜야 할 규칙은 다음과 같다. 우리는 아래의 내 │
│ 용이 잘 이루어지도록 노력할 것을 다짐한다. │
│ │
│ │
│ 　1._____ │
│ │
│ │
│ 　2._____ │
│ │
│ │
│ 　3._____ │
│ │
│ │
│ 　4._____ │
│ │
└─────────────────────────────────────┘

좋은 일은
서로 권하고,
잘못된 것은
서로 잡아 주게!

01 33회 중급

다음 명령에 따라 시행된 정책에 대한 설명으로 옳은 것은?

형조의 사형수에 관한 일을 제외하고, 모든 업무는 6조에서 직접 보고하도록 하라.

① 공인이 등장하는 계기가 되었다.
② 왕권 강화를 목적으로 시행되었다.
③ 후주 출신 쌍기의 건의로 도입되었다.
④ 붕당 간 대립을 배경으로 실시되었다.

02 34회 초급

(가)에 들어갈 책으로 옳은 것은?

(가) 에 대해 소개해 주세요.

세조 대왕 때부터 편찬하기 시작하여 이번에 완성한 (가) 은/는 우리 조선을 다스리는 기본 법전이 될 것이오.

① 속대전   ② 경국대전
③ 삼강행실도   ④ 직지심체요절

03 26회 중급

밑줄 그은 '이들'에 대한 설명으로 옳은 것은?

이들은 15세기 후반 정계에 진출한 김종직과 그 제자들이 중심이 되어 세력을 형성하기 시작하였습니다.

그런데 이들은 여러 차례의 사화로 큰 피해를 당하기도 하였습니다.

① 친원 세력으로 대농장을 소유하였다.
② 골품에 따라 관직 승진에 제한이 있었다.
③ 주로 언관직에 진출하여 훈구파를 비판하였다.
④ 성주 또는 장군이라 칭하며 지방을 지배하였다.

04 43회 중급

다음 자료를 활용한 탐구 활동으로 가장 적절한 것은?

조광조가 귀양 간 지 한 달 남짓 되어도 왕의 노여움은 풀리지 않았으나, 그를 죽이고자 청하는 사람이 없으므로 결단하지 못하였다. 생원 황이옥 등이 상소하여 조광조를 헐뜯었다. 왕이 상소를 보고 곧 조광조 등에게 사약을 내리고, 황이옥 등을 칭찬하며 술을 내려 주라고 명하였다.

① 기묘사화의 전개 과정을 살펴본다.
② 훈련도감의 설치 목적을 알아본다.
③ 임술 농민 봉기의 배경을 분석한다.
④ 진골 귀족의 경제 기반을 파악한다.

05 47회 초급

다음 대화 이후에 전개된 사실로 옳은 것은?

이조 전랑 김효원의 후임으로 심충겸을 추천했으면 합니다.

심충겸은 외척이므로 이조 전랑에 마땅치 않습니다.

① 기묘사화가 일어났다.
② 신진 사대부가 등장하였다.
③ 수양 대군이 권력을 장악하였다.
④ 사림이 동인과 서인으로 나뉘었다.

06 36회 초급

(가)에 들어갈 내용으로 옳은 것은?

한국사 퀴즈 대회

조선 시대 의관, 역관, 서리, 향리 등이 포함된 신분을 이르는 말은?

(가)

① 양반
② 중인
③ 상민
④ 천민

07 23회 초급

밑줄 그은 '이들'에 대한 설명으로 옳은 것은?

> 조선 시대의 이들은 심부름을 하고, 음식을 만드는 등 주인의 여러 가지 시중을 들었다. 주인과 떨어져 독립적인 생활을 하기도 하였다.

① 과거 시험을 치를 수 있었다.
② 향교에 입학하여 공부할 수 있었다.
③ 의관이나 역관 등 전문직에 종사하였다.
④ 재산과 같이 여겨져 사고 팔리기도 하였다.

08 28회 초급

다음에서 설명하는 놀이로 옳은 것은?

> (1) 소개: 양반들이 즐겨했던 놀이로 이름은 '벼슬살이를 하는 도표'라는 뜻이다.
> (2) 방법: *윤목을 굴려 나온 눈금만큼 놀이판에서 말을 옮겨 높은 관직에 누가 먼저 올라가는지를 겨루는 놀이이다.
> (3) 특징: 높은 관리가 되고 싶은 당시 사람들의 바람이 담겨 있다. 조선 시대 관직의 종류를 알 수 있다.
>
> *윤목: 주사위의 일종

① 윷놀이
② 고누놀이
③ 칠교놀이
④ 승경도놀이

4. 임진왜란과 병자호란

독서 연계 용선생 교과서 한국사 1_238~257쪽

 오늘의 핵심 질문!

임진왜란에서 일본군과
맞서 싸운 사람들은 누구일까?

임진왜란 이후 동아시아는
어떻게 변화했을까?

후금과 명나라 사이에 끼인
광해군의 선택은?

청나라에 항복할 것인가,
끝까지 싸울 것인가. 조선의 앞날은?

1592	**1593**	**1623**	**1627**	**1636**
임진왜란, 한산도 대첩	행주 대첩	인조반정	정묘호란	병자호란

STEP 1 ★ 키워드 확인하기

★ 역사반 친구들이 책을 읽고 이야기하고 있어. 오늘의 키워드 를 보고 문장을 완성해 보자.

오늘의 키워드

광해군   병자호란   의병   이순신   임진왜란

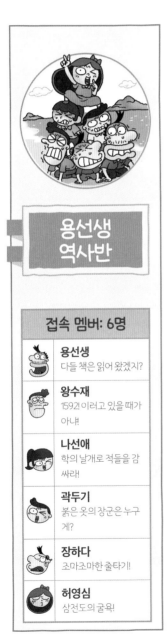

용선생 역사반

접속 멤버: 6명

용선생
다들 책은 읽어 왔겠지?

왕수재
1592! 이러고 있을 때가 아냐!

나선애
학의 날개로 적들을 감싸라!

곽두기
붉은 옷의 장군은 누구게?

장하다
조마조마한 줄타기!

허영심
삼전도의 굴욕!

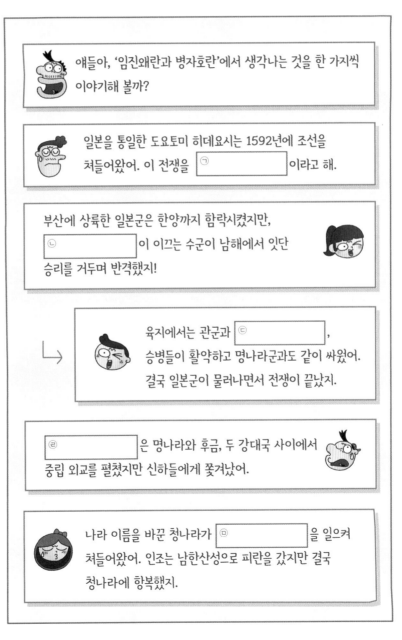

애들아, '임진왜란과 병자호란'에서 생각나는 것을 한 가지씩 이야기해 볼까?

일본을 통일한 도요토미 히데요시는 1592년에 조선을 쳐들어왔어. 이 전쟁을 ㉠ [   ] 이라고 해.

부산에 상륙한 일본군은 한양까지 함락시켰지만, ㉡ [   ] 이 이끄는 수군이 남해에서 잇단 승리를 거두며 반격했지!

육지에서는 관군과 ㉢ [   ], 승병들이 활약하고 명나라군과도 같이 싸웠어. 결국 일본군이 물러나면서 전쟁이 끝났지.

㉣ [   ] 은 명나라와 후금, 두 강대국 사이에서 중립 외교를 펼쳤지만 신하들에게 쫓겨났어.

나라 이름을 바꾼 청나라가 ㉤ [   ] 을 일으켜 쳐들어왔어. 인조는 남한산성으로 피란을 갔지만 결국 청나라에 항복했지.

01 임진왜란 이전의 상황으로 알맞지 <u>않은</u> 것은 무엇일까?　　　　　　　(　　　)

① 일본에서 약 100년 동안 계속된 전국 시대가 끝났어.

② 일본을 통일한 도요토미 히데요시는 외부의 적을 만들어 일본 내의 불만을 안정시키고자 했어.

③ 쓰시마섬의 영주는 조선이 일본에 사신을 파견해 주길 요청했어.

④ 조선의 사신 김성일과 황윤길 모두 도요토미 히데요시가 위험하다고 생각했어.

02 다음은 임진왜란의 과정이야. <u>잘못된</u> 부분을 바르게 고쳐 써 보자.

1592년 4월, 일본군이 부산을 점령한 후 한양으로 진격하다.

↓

신립이 패배하자 <u>㉠ 인조</u>가 의주까지 피란을 가다.

↓

<u>㉡ 이여송</u>의 수군이 일본 수군을 연이어 격파하다.

↓

육지에서 의병·승병과 관군, 명나라군이 일본군과 맞서 싸우다.

↓

명나라와 일본의 강화 협상이 결렬되고, 정유재란이 일어나다.

↓

<u>㉢ 도쿠가와 이에야스</u>가 죽자 일본군이 철수하며 전쟁이 끝나다.

㉠ _____

㉡ _____

㉢ _____

03 임진왜란 당시 주요 전투 장소를 나타낸 지도야. 각 전투와 관련된 인물의 이름을 보기 에서

골라 알맞게 써 보자.

보기 권율 김시민·곽재우 신립 이순신 이여송

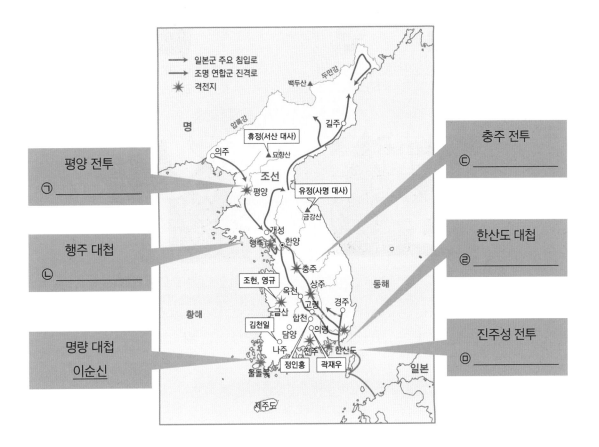

평양 전투

㉠ _____

행주 대첩

㉡ _____

명량 대첩

이순신

충주 전투

㉢ _____

한산도 대첩

㉣ _____

진주성 전투

㉤ _____

04 임진왜란 이후 각 나라의 변화에 대한 설명이야. 빈칸에 알맞은 나라의 이름을 써 보자.

• 조선은 정치와 경제, 각종 제도가 혼란해 큰 위기에 처했어.

㉠ _____에서는 도쿠가와 이에야스가 등장해 새로운 정권을 세웠어.

㉡ _____는 조선에 많은 군대를 보내느라 힘이 약해졌어.

㉢ _____은 다른 나라들이 싸우는 동안 만주에서 조용히 힘을 키웠어.

05 병자호란의 전후 사정을 그린 그림이야. 일어난 순서대로 바르게 나열해 보자.

(가) 정묘호란으로 후금과 조선이 형제의 나라가 되다.

(나) 광해군이 명과 후금 사이에서 중립 외교로 균형을 지키다.

(다) 인조가 청나라에 항복하다.

(라) 인조반정으로 광해군이 쫓겨나고 인조가 왕이 되다.

(   ) → (   ) → (   ) → (다)

06 병자호란 당시 남한산성 안에서 신하들이 주장했을 말을 써 보자.

이대로 가면 모두 죽고 나라가 망할 것입니다. _____㉠_____ !

최명길

죽을지언정 청나라에게 무릎을 꿇을 순 없습니다. _____㉡_____ !

김상헌

㉠ _____

㉡ _____

★ 다음은 광해군의 대외 정책에 대한 글이야. (가), (나)의 이야기를 읽고 물음에
알맞은 글을 써 보자.

(가) # 어전 회의

신하 1: 전하, 명나라에서 후금을 *섬멸하기 위해 군대를 모은다고 합니
다. 저희 조선에도 병사를 요청하고 있으니 하루빨리 군대를 편성
해 명을 도와야 할 것입니다.

광해군: 지금 우리가 군사를 모아 명나라를 도와주는 것은 여러 면에서
좋지 않으니 적당히 둘러대고 지켜보는 게 어떻겠소?

신하 2: 어째서 그러하옵니까?

광해군: 우선 우리 조선은 명나라와 달리 평소에 병사와 농민을 구분하지
않았으므로 하루아침에 많은 군사를 모으기란 어려운 일이오.

신하 1: 그렇사옵니다.

광해군: 또한 제대로 훈련받지 못한 병사들을 모아 억지로 보냈다간 전쟁
에 도움이 되기는커녕 명나라의 군대와 *손발이 맞지 않아 도리
어 방해가 될 수 있지 않겠소?

신하 2: 전하, 어려운 사정은 신들도 잘 알고 있습니다. 허나 지난 임진왜
란 때 명나라가 10만 군사를 보내 왜적으로부터 우리나라를 도
와준 은혜를 갚는 것 역시 무척 중요한 일이옵니다.

광해군: 왜란의 일도 마찬가지요. 아직 우리나라는 왜란 때 입은 극심한
피해를 회복하지 못하고 있소. 많은 군사를 보내는 데 들어갈 비
용을 부담하기가 무척 어렵소. 또한 우리가 후금을 상대하느라
많은 군사를 보냈다가 일본이 다시 쳐들어오면 어찌할 셈이오?

신하 1: 하오나 명나라가 아니었다면 이미 조선은 망했을 것이옵니다. 나
라를 다시 세워 준 은혜를 어찌 모른 척 할 수 있겠사옵니까, 전하!

섬멸 모조리 무
찔러 멸망시키
는 것을 말해.

손발이 맞다 함
께 일을 하는 데
에 마음이나 행
동이 서로 잘 맞
는 걸 말해.

(나) # 침전에서 고민하는 광해군

'많은 군사를 보내는 것도 어려운 일이지만, 더 어려운 문제는 후금과 싸우는 일이다. 명나라는 날이 갈수록 약해지고, 후금은 강해지고 있지. 아무리 명나라와 함께 싸운다 한들 후금을 쉽게 이길 수 있겠는가? 오히려 우리 군사들만 위험해질 가능성이 더 크다. 그렇다고 우리가 질 테니 군사를 못 보내겠다고 말할 수도 없고……

게다가 명나라의 편을 들어 군사를 보내면 후금과 적이 될 테지. 후금의 창끝이 조선을 향하면 우리가 감당할 수 있을 것인가? 임진왜란 때 명나라가 도와준 것을 생각하면 우리도 돕지 않을 수는 없으니, 어찌해야 한단 말인가?'

01 명나라의 도움 요청에 망설이는 광해군의 심정을 적었어. (가), (나)를 읽고 빈칸을 채워 문장을 완성해 보자.

- <u>직업</u> 군인이 없어 갑자기 군대를 모으기 어렵다.

① _____들이 훈련되지 않아 제대로 싸우기 어렵다.

② _____의 피해를 복구하느라 군대를 보낼 재정이 부족하다.

③ _____이 다시 침입할 가능성이 있다.

④ _____는 약해지고 있고, _____은 강해지고 있다.

⑤ _____과 싸우면 조선의 군사들이 크게 다치거나 죽을 것이다.

- 후금이 조선을 공격해오면 막을 수 없을 것이다.

02 (가), (나)를 읽고 알 수 있는 사실로 알맞지 <u>않은</u> 것은 무엇일까? (   )

① 임진왜란 때 명나라의 도움을 받았기 때문에 조선은 명나라의 요청을 거절하기 어려웠다.

② 광해군은 명나라는 약해지고, 후금은 강해질 것이라고 생각했다.

③ 신하들은 명나라를 도와 후금을 공격해야 한다고 주장했다.

④ 광해군은 명나라와 후금이 싸우면 명나라가 이길 것으로 예상했다.

03 (가), (나)를 읽고 자신이 광해군이 되어 명나라의 기분이 상하지 않도록 도움 요청을 거절하는 편지를 써 보자.

_____

_____

_____

_____

_____

_____

_____

다시는 조선 땅에서 전쟁이 일어나지 않게 하겠다!

01 45회 초급

밑줄 그은 '이 전투'로 옳은 것은?

> ○○○기념관에 전시된 임진왜란 당시의 전투 모습이야.
>
> 조선 수군이 일본군에 맞서 학익진 전법을 펼치고 있는 장면이구나.
>
> 맞아. 이 전투에서 조선 수군은 큰 승리를 거두었어.

① 진주 대첩
② 귀주 대첩
③ 청산리 대첩
④ 한산도 대첩

02 37회 초급

(가)에 들어갈 인물로 옳은 것은?

> 이달의 역사 인물로 [(가)] 이 선정되었습니다. 그는 임진왜란 당시 일본군이 진주성을 공격해 오자 병사와 백성을 이끌고 성을 지켰습니다.

① 강감찬
② 김만덕
③ 김시민
④ 김옥균

03 28회 초급

밑줄 그은 '이 전쟁' 때 있었던 사실로 옳지 않은 것은?

> 이 전쟁에서 활약한 주요 인물은 누구인가요?
>
> 이순신, 유성룡, 사명대사 등이 있습니다.

① 을지문덕이 살수에서 적군을 격퇴했다.
② 곽재우 등 의병들이 각지에서 활약했다.
③ 김시민이 진주성에서 왜군을 크게 물리쳤다.
④ 신립이 탄금대에서 배수의 진을 치고 싸웠다.

04 40회 중급

(가)~(다) 학생이 발표한 전투를 일어난 순서대로 옳게 나열한 것은?

> (가) 권율의 지휘 아래 관민이 합심하여 행주산성에서 일본군에 승리하였습니다.
>
> (나) 신립은 충주 탄금대 전투에서 일본군에 맞섰으나 패배하였습니다.
>
> (다) 이순신은 소수의 병력으로 명량에서 일본 수군을 격퇴하였습니다.

① (가)-(나)-(다)
② (나)-(가)-(다)
③ (나)-(다)-(가)
④ (다)-(나)-(가)

05 43회 중급

다음 상황 이후에 전개된 사실로 옳은 것은?

> 명 제독 이여송이 많은 군대를 거느리고 평양성 밖에 이르러 여러 장군에게 부대를 나누어 성을 포위하게 하였다. 이에 왜적들이 성 북쪽의 모란봉으로 올라가 함성을 지르며 총포를 쏘았다. 명군의 한 부대는 조선의 관군과 함께 함구문으로 들어가고, 한 부대는 보통문으로 들어가고, 또 다른 한 부대는 밀덕의 적성에 올라가 사방에서 공격하여 왜적들을 무너뜨렸다.

① 이종무가 대마도를 정벌하였다.
② 신립이 탄금대에서 항전하였다.
③ 이순신이 명량 해전에서 승리하였다.
④ 강감찬이 귀주에서 적을 크게 물리쳤다.

06 46회 초급

밑줄 그은 '나'에 해당하는 왕으로 옳은 것은?

① 세조
② 정조
③ 광해군
④ 연산군

07 44회 중급

(가), (나) 사이의 시기에 있었던 사실로 옳은 것은?

> (가) 왕이 도원수 강홍립에게 지시하였다. "원정군 가운데 1만은 평안도와 함경도의 정예병만을 훈련하여 이제 장수와 병사들이 서로 익숙하니 지금에 와서 경솔히 바꾸기는 곤란하다. 그대는 명나라 장수들의 명령을 그대로 따르지만 말고 오직 스스로 판단하여 패하지 않도록 노력하라."
> (나) 용골대 등이 왕을 인도하여 들어가 단 아래에 북쪽을 향해 자리를 마련하였다. 또한 왕에게 자리로 나아가기를 청하고 청나라 사람을 시켜 황제에게 아뢰게 하였다. 왕이 세 번 절하고 아홉 번 머리를 조아리는 예를 행하였다.

① 인조반정이 일어났다.
② 기묘사화가 발생하였다.
③ 강조가 정변을 일으켰다.
④ 백두산정계비가 세워졌다.

08 47회 기본

(가) 전쟁에 대한 탐구 활동으로 적절한 것은?

> 남한산성은 북한산성과 함께 한양 도성을 지키던 산성으로, ____(가)____ 당시 인조가 이곳으로 피란하여 45일간 청에 항전하였다.

서문

수어장대

① 보빙사의 활동을 조사한다.
② 삼별초의 이동 경로를 찾아본다.
③ 삼전도비의 건립 배경을 파악한다.
④ 을미의병이 일어난 계기를 살펴본다.

사진제공

표지 신사임당 초충도(국립중앙박물관), 얼굴무늬 수막새(국립경주박물관), 무용총 무용도(북앤포토) | 6 김홍도의 서당(국가유산청) | 8 강화도 고인돌(북앤포토) | 13 갈돌과 갈판(경북대학교박물관), 가락바퀴(국립청주박물관), 미송리식 토기(북앤포토), 이음낚시(국가유산청), 청동 방울(국가유산청), 유리잔(국립경주박물관), | 14 슴베찌르개(충북대학교박물관), 빗살무늬 토기(국립중앙박물관), 비파형 동검(국립중앙박물관) | 18 연천 전곡리 유적 전경(한양대학교 문화재연구소), 주먹도끼(국립중앙박물관), 공주 석장리 유적 발굴(석장리박물관), 신석기 시대 움집터(국가유산청) | 19 철제 농기구(북앤포토), 반달 돌칼(대구가톨릭대학교역사.박물관) | 28 마니산 참성단(북앤포토) | 33 칠지도(북앤포토) | 38 철제 판갑옷(국립김해박물관) | 39 청자 상감운학문매병(국가유산청), 앙부일구(북앤포토), 동의보감(국립고궁박물관), 서울 북한산 신라 진흥왕 순수비(국립중앙박물관), 고구려 수산리 고분 벽화(동북아역사재단), 금동 미륵보살 반가 사유상(국가유산청), 가야 토기(국립중앙박물관) | 43 불국사 삼층 석탑(국가유산청), 석굴암(국가유산청), 무구정광대다라니경(북앤포토) | 49 익산 미륵사지 석탑(북앤포토), 분황사 모전 석탑(북앤포토), 월정사 팔각 구층 석탑(북앤포토), 발해 상경성 석등(북앤포토), 발해 견고려사 목간(국립중앙박물관) | 50 논산 관촉사 석조 미륵보살 입상(북앤포토) | 60 안동 차전놀이(연합뉴스) | 61 부석사 무량수전(북앤포토), 김제 금산사 미륵전(북앤포토), 불국사 대웅전(북앤포토), 수덕사 대웅전(국가유산청) | 70 서희 동상(북앤포토) | 71 황비창천명동경(벽란도 청동거울)(국립중앙박물관), 대각국사 의천 영정(국가유산청) | 86 경주 첨성대(북앤포토), 직지심체요절(북앤포토) | 90 김윤후 영정(충주박물관) | 91 분청사기 철화 연어문 병(국립중앙박물관), 백자 청화 매죽문 항아리(국가유산청) | 92 태조 이성계 어진(어진박물관) | 97 도성도(서울대학교규장각한국학연구원), 경복궁 근정전(북앤포토), 사직단(북앤포토), 종묘(북앤포토), 흥인지문(북앤포토) 102 정몽주 선생묘(연합뉴스) | 107 혼천의(북앤포토), 측우기(국가유산청), 자격루(국립고궁박물관) | 108 경복궁 수정전(Blmtduddl from en.wikipedia.org) | 113 혼일강리역대국도지도(서울대학교규장각한국학연구원), 거중기(북앤포토), 자명종(숭실대학교한국기독교박물관) | 116 경국대전(서울역사박물관) | 117 소수서원(소수서원) | 133 남한산성 수어장대(국가유산청), 남한산성 서문(우익문)(국가유산청)

• 이 책에 쓴 사진은 해당 사진을 보유하고 있는 단체와 저작권자의 허락을 받아 게재한 것입니다.
• 저작권자를 찾지 못하여 게재 허락을 받지 못한 사진은 저작권자를 확인하는 대로 게재 허락을 받고, 출판사 통상 기준에 따라 사용료를 지불하겠습니다.

용선생과 교과서 한국사Q

교과서

한국사Q

정답 및 해설

사회평론

용선생 교과서 한국사 문제와 논술

용선생 교과서
한국사 Q

선사 시대부터 조선 전기까지

정답 및 해설

사회평론

1-1 선사 시대의 생활 모습

STEP 1 ★ 키워드 확인하기   11쪽

> ㉠ 역사   ㉡ 뗀석기   ㉢ 간석기
> ㉣ 농사   ㉤ 청동기

STEP 2 ★ 핵심 문제 풀기   12~14쪽

> **01** ㉠ 역사 ㉡ 구석기 ㉢ 신석기   **02** ①, ②,
> ④   **03** ①, ②, ⑤   **04** (1) ㉡ (2) 강이나 바닷
> 가에 움집을 짓고 살며 마을을 이루었음.   **05**
> ②   **06** (1)-㉢, (2)-㉡, (3)-㉠

01 인류의 역사는 문자로 쓰인 기록이 있는 시대인 '㉠ 역사 시대'와 문자 기록 없이 유물과 유적만 남아 있는 먼 옛날인 '선사 시대'로 나뉘어. 돌을 쪼개고 떼어 내 만든 뗀석기를 사용한 시대를 ㉡ 구석기 시대라고 해. 돌을 갈아서 만든 간석기를 사용한 시대를 구석기 시대와 구분해 ㉢ 신석기 시대라고 해.

02 동굴이나 바위 그늘에 살며 이동 생활을 했던 시대는 구석기 시대야. ④ 구석기 시대에는 뗀석기를 사용했지. 대표적인 뗀석기로는 주먹도끼와 슴베찌르개 등이 있어. ① 그중 슴베찌르개는 창이나 화살 등에 꽂아 동물을 사냥하는데 사용되었지. ② 구석기 시대 사람들은 불을 피우는 방법도 알게 되었어. 불 덕분에 추운 밤을 견딜 수 있게 되었고, 날고기를 익혀 먹을 수도 있게 되었지.

③ 콩, 조, 팥 등을 농사짓기 시작한 것은 신석기 시대부터야. ⑤ 고인돌을 만들기 시작한 것은 청동기 시대부터지.

03 신석기 시대에는 간석기를 사용했어. ① 대표적인 간석기로는 갈돌과 갈판이 있었지. 곡식이나 열매를 가는 용도로 사용되었어. ② 가락바퀴로 식물에서 섬유를 빼내 실을 만들기도 했어. ⑤ 신석기 시대에는 낚시도 많이 했어. 이음낚시는 돌로 된 몸체와 동물의 뼈를 갈아 만든 바늘을 끈으로 이어서 만든 거야.

③ 미송리식 토기는 청동기 시대에 사용되던 토기야. ④ 청동 방울은 주로 군장이 제사를 지낼 때 사용했어. 청동은 무기, 장신구, 제사 도구로 사용되었어. ⑥ 유리는 오래 전부터 중앙아시아와 서아시아 지역에서 만들었어. 경주 황남대총에서는 유리잔 등 다양한 유리 제품들이 발견되었는데, 당시 신라의 활발한 대외 교류를 보여 주는 유물이야.

04 신석기 시대 사람들은 농사를 지어서 먹을거리를 만들어낼 수 있게 되었어. 구석기 시대처럼 동굴이나 바위 그늘에 살지 않고, 강가나 바닷가에 움집을 지어 정착해 살았지.

05 고인돌은 청동기 시대에 만들어진 군장의 무덤이야. 청동기 시대에 청동은 주로 무기, 장신구, 제사용 도구 등을 만드는 데 사용되었지. 청동은 귀했기 때문에 호미 등 농기구에는 사용되지 않았어. 또 청동기 시대에는 사람들 사이에 계급이 생겨났어. 다른 마을을 공격해 인질을 노예로 만들었지.

06 (1) 사람 사이에 계급이 발생한 시대는 청동기 시대야. 청동기 시대에는 청동을 사용해 비파형 동검 등의 무기를 만들었어.

(2) 농사와 목축으로 정착 생활을 시작한 시대는 신석기 시대야. 빗살무늬 토기를 사용해 음식을 저장하고 조리해 먹었어.

(3) 뗀석기를 사용하던 시대는 구석기 시대야. 대표적인 뗀석기로는 슴베찌르개가 있어. 창이나 화살에 꽂아 사용했지.

STEP 3 ★ 생각하며 글쓰기   15~17쪽

01 ㉠ 가락바퀴와 뼈바늘을 사용해 옷을 만들어 입음. ㉡ 사냥을 해서 먹을거리를 얻음. ㉢ 강가에 움집을 짓고 살았음. ㉣ 돌을 떼어 내 만든 도구.

02 ① 구석기 시대 ② 신석기 시대
③ 빗살무늬 토기

03 예 안녕 로로야, 나는 노리라고 해. 내가 사는 시대에는 농사를 지어 먹을거리를 얻기 때문에 사냥감을 찾아 이동할 필요가 없지. 또 강가나 바닷가에 움집을 짓고 살아. 수확한 곡식은 토기에 담아 조리해 먹고, 동물들을 길러 잡아먹기도 하지.
참! 네가 사는 시대는 아주 춥다고 들었어. 가죽옷은 꼭 입어야 할 것 같아. 내가 사는 시대에는 가락바퀴와 뼈바늘을 이용해 옷을 만들어 입어. 엄마가 부탁하신 돌을 갈고 바로 자야 할 것 같아. 네가 사는 시대에서는 돌을 쪼개거나 떼어 내 도구를 만든다고 들었어. 아주 힘든 일일 것 같아.
삼촌에게 가죽옷은 선물했니? 궁금하다. 이만 줄일게!

★ (가)의 내용: 구석기 시대 친구인 로로의 생활.
★ (나)의 내용: 신석기 시대 친구인 노리의 생활.

01 (가) 로로의 일기는 구석기 시대의 생활 모습을 보여줘. 구석기 시대에는 사냥이나 채집을 해서 먹을거리를 얻었지. 또 돌을 떼어 내 만든 뗀석기를 사용했어. 한편 (나) 노리의 일기는 신석기 시대의 생활 모습을 보여줘. 신석기 시대에는 가락바퀴와 뼈바늘을 사용해 실을 뽑아 옷을 만들어 입었어. 또한 신석기 시대에는 농사를 짓고 강가나 바닷가에 움집을 지어 마을을 이뤄 살았지.

02 신석기 시대에 곡식을 저장하거나 조리하기 위해 사용한 토기는 빗살무늬 토기야.

03 **글쓰기 TIP** (가)와 (나)에서 볼 수 있는 구석기 시대와 신석기 시대의 특징을 비교해서 한 통의 편지를 써 보자. 노리가 로로에게 하고 싶은 말을 생각해도 좋아. 단, 구석기와 신서기이 생활을 비교해 써 보자.

의생활 비교: 구석기 시대에는 동물의 가죽으로 옷을 만들어 입었다. 신석기 시대에는 가락바퀴와 뼈바늘을 이용해 옷을 만들어 입었다.

식생활 비교: 구석기 시대에는 사냥을 해서 먹을거리를 얻었다. 신석기 시대에는 농사를 짓고, 동물들을 길렀다.

주생활 비교: 구석기 시대에는 먹을거리를 찾아 이동하며 동굴이나 바위 밑에서 생활했다. 신석기 시대에는 먹을거리가 풍부한 강가나 바닷가에 움집을 짓고 살았다.

도구 비교: 구석기 시대에는 돌을 떼어 내 만

든 뗀석기를 사용했다. 신석기 시대에는 돌을 갈아 만든 간석기를 사용했다.

한국사능력검정시험 기출 문제
18~19쪽

01 ②	02 ④	03 ①	04 ③
05 ②	06 ②	07 ①	08 ①

01 주먹도끼는 구석기 시대의 대표적인 유물이야. ① 갈돌과 갈판은 신석기 시대 도구야. ③ 빗살무늬 토기는 신석기 시대부터 사용되었어. ④ 비파형 동검은 청동기 시대에 제작되었어. 주로 무기나 제사용 도구로 사용되었지.

02 주먹도끼가 사용된 (가)는 구석기 시대야. 구석기 시대 사람들은 주로 동굴에 살면서 사냥과 채집을 했어. ① 가락바퀴는 신석기 시대에 사용되었어. ③ 반달 돌칼은 청동기 시대에 주로 사용되었어.

03 빗살무늬 토기는 신석기 시대에 강가나 바닷가의 모래나 흙에 고정해서 사용했어. 신석기 시대에 농경과 목축이 시작되었어. ② 구석기 시대에는 동굴이나 막집을 짓고 살았어. ③ 고인돌은 청동기 시대에 만들어지기 시작했어. ④ 청동은 청동기 시대에 사용되었어.

04 신석기 시대 사람들은 가락바퀴를 이용해서 실을 만들었어. 이 실로 옷감을 짜서 뼈바늘로 꿰매어 옷을 만들어 입었지. ① 철제 무기를 사용한 것은 철기 시대부터야. ② 청동으로 장신구를 제작하게 된 것은 청동기 시대부터야.

05 농경과 정착 생활이 시작된 시대는 신석기 시대야. 신석기 시대 사람들은 갈돌과 갈판을 이용하여 곡식이나 열매를 잘게 부수었지. ④ 철제 농기구는 철기 시대에 제작되었어. 청동기 시대까지도 돌로 만든 농기구를 사용했지.

06 반달 돌칼은 곡식의 이삭을 수확하는 데 주로 사용되었어. ① 신석기 시대에 옷감을 짤 때는 가락바퀴와 뼈바늘을 사용했어. ③ 음식을 저장할 때에는 토기가 사용되었어. 신석기 시대에는 빗살무늬 토기가, 청동기 시대에는 민무늬 토기가 주로 사용되었지. ④ 불을 피우는 도구로는 부싯돌을 사용했을 거야.

07 사유 재산과 계급이 발생한 시대는 청동기 시대야. 청동기 시대의 청동기는 구하기 어려워서 제사나 무기 등에만 사용되었어. 농기구는 석기를 이용했지. 철제 쟁기로 밭을 간 것은 철기 시대의 일이야.

08 벼농사가 보급되고 농업 생산력이 향상되었으며 계급이 발생하고, 지배층의 무덤인 고인돌이 만들어졌던 시대는 청동기 시대야. 청동기 시대에는 청동 방울을 비롯해 비파형 동검 같은 청동 도구를 사용했지. ② 이음낚시는 신석기 시대의 낚시 도구야.

1-2 고조선과 여러 나라

STEP 1 ★ 키워드 확인하기 21쪽

> ㉠ 단군왕검　㉡ 8조의 법　㉢ 위만　㉣ 철기
> ㉤ 부여

STEP 2 ★ 핵심 문제 풀기 22~24쪽

> **01** ①, ③, ④　**02** ①　**03** ③　**04** ㉠ 위만
> ㉡ 철기　**05** ㉠ 고구려 ㉡ 동예　**06** ④

01 고조선의 문화 범위를 알려주는 문화유산으로는 미송리식 토기, 탁자식 고인돌, 비파형 동검이 있어. 모두 만주와 한반도 북부에서 주로 발견되지. ② 가락바퀴는 신석기 시대에 옷을 만드는 데 사용되었어.

02 당시 사람들은 동물이나 커다란 바위, 나무 같은 자연물을 자기 부족의 수호신으로 떠받들었어. 단군왕검 이야기에 나오는 곰은 곰을 섬기는 부족을 뜻해. 곰이 인간 여자가 되어 환웅과 결혼했다는 것은 곰 부족이 환웅 부족과 연합했다는 뜻이야.

03 고조선에는 8조의 법이 있었어. 도둑질한 자를 종으로 삼는다는 조항을 보면 고조선은 신분의 차이가 있는 사회였다는 사실을 알 수 있어. 따라서 모든 사람의 신분이 평등했다는 ③번은 알맞지 않은 설명이야. ①, ② 죄를 곡식으로 갚게 했다는 것은 개인이 저마다 자기 재산을 가지고 있었고, 곡식을 화폐로 사용했다는 사실을 말해. 화폐의 개념이 있었음을 알 수 있지. 또 ④ 죄를 지으면 법에 따라 사람을 처벌했지.

04 연나라에서 사람들을 이끌고 고조선으로 와 준왕을 몰아내고 고조선의 왕이 된 사람은 위만이야. 위만은 중국의 철기 문화를 적극적으로 받아들여 나라를 발전시켰어.

05 고조선의 멸망 이후, 철기 문화를 배경으로 만주와 한반도에 여러 나라가 생겨났어. 만주 북부에는 부여가, 압록강 부근에는 고구려가 세워졌지. 동해안에는 옥저와 동예가 생겨났는데, 지금의 강원도 지역에 있던 나라는 동예야. 한반도 남부에는 삼한이 세워졌어.

06 삼한에는 소도라는 곳이 있었는데, 하늘에 제사를 지내는 신성한 구역이었어. 죄인이라도 소도로 도망치면 함부로 잡아들일 수 없었지. 또한 삼한은 정치 지도자와 제사를 지내는 제사장이 따로 있어. ① 순장은 고구려가 아니라 부여의 풍습이야. ② 민며느리제는 옥저의 결혼 제도야. ③ 데릴사위제는 고구려의 결혼 제도야.

STEP 3 ★ 생각하며 글쓰기 25~27쪽

> **01** ㉠ 영고　㉡ 무천　㉢ 10월　㉣ 5월, 10월
> ㉤ 모두가 연일 모여 마시고 먹고 노래하고 춤을 췄음.　㉥ 하늘을 향해 제사를 지냄.
> **02** 곡식 수확에 감사하고, 지배자들은 나라의 통합이 강화되길 바랐기 때문이다.

03 예 프로그램 소개: 밤낮으로 노래와 춤을 즐긴다.
기대되는 효과: 농업과 나라의 발전을 기원하며 온 나라 사람들이 하나가 됨으로써 갈등을 해결하고 나라의 통합을 강화한다.

★ (가)의 내용: 부여, 고구려, 동예, 삼한의 제천 행사.
　1) 부여는 12월이 되면 영고라는 제천 행사를 지냈음.
　2) 고구려는 10월에 동맹이라는 제천 행사를 지냈음.
　3) 동예는 10월에 무천이라는 제천 행사를 지냈음.
　4) 삼한은 5월과 10월에 제천 행사를 지냈음.
★ (나)의 내용: 여러 나라들이 제천 행사를 지낸 이유.
　1문단: 여러 나라들은 농사가 잘 되기를 바라는 마음으로 제천 행사를 지냈음.
　2문단: 부여를 제외한 다른 나라들에서 제천 행사는 곡식 수확에 대한 감사의 의미로 이뤄졌음.
　3문단: 여러 나라의 지배자들은 나라의 통합이 강화되기를 바라는 마음으로 제천 행사를 열었음.

01 부여는 12월에 영고라는 제천 행사를 지냈어. 나라 사람들이 모두 모여 연일 마시고 먹고 노래하고 춤을 추었지. 고구려의 제천 행사인 동맹은 10월에 열렸어. 하늘을 향해 제사를 지냈지. 동예의 제천 행사인 무천도 10월에 열렸지. 삼한은 5월에 씨뿌리기를 마친 뒤, 그리고 10월에 농사일을 마친 뒤에 제천 행사를 지냈어.

02 (나)의 내용을 바탕으로 제천 행사가 열린 이유들을 알 수 있어. ① 농사가 잘 되기를 바라는 마음으로 제천 행사를 지냈다. ② 수렵의 전통을 간직했던 부여를 제외한 다른 나라들에서 제천 행사는 곡식 수확에 대한 감사의 의미로 이뤄졌다. ③ 지배자들은 나라의 통합이 강화되기를 바라는 마음으로 제천 행사를 열었다.

03 삼한에서 제천 행사는 농사가 잘 되기를 바라는 마음에서 열렸어. 사람들은 떼를 지어 모여서 밤낮으로 노래와 춤을 즐겼지. 삼한의 군장들은 온 나라 사람들이 축제를 통해 서로의 갈등을 해결해 나라의 통합이 강화되기를 바랐을 거야.

한국사능력검정시험 기출 문제
28~29쪽

01 ①	02 ①	03 ④	04 ①
05 ②	06 ③	07 ②	08 ②

01 단군왕검이 세운 나라는 고조선이야. 고조선은 8조법으로 백성들을 다스렸어. ② 낙랑과 왜에 철을 수출했던 나라는 가야야. ③ 골품제는 신라의 신분 제도야. ④ 민며느리제는 옥저의 혼인 풍습이지.

02 세 학생이 설명하는 나라는 고조선이야. 고조

6

선은 청동기 문화를 바탕으로 세워졌어. 중국 요령과 한반도 북부 지방에는 청동기 시대의 유물이 발견되었어. ② 한반도에 불교가 전래된 것은 고구려 소수림왕 때야. ③ 소도는 삼한 지역에 있었지. ④ 낙랑과 왜에 철을 수출한 나라는 가야야.

03 (가) 나라는 고조선이야. 미송리식 토기는 고조선의 세력 범위를 알려주는 대표적인 유물이야. 8조의 법으로 나라를 다스렸지. 고조선의 건국 이야기는 일연이 지은 『삼국유사』에 실려 있어. ① 위례성을 도읍으로 삼았던 나라는 백제야. ② 영고라는 제천 행사를 열었던 나라는 부여야. ③ 골품제는 신라의 신분 제도야.

04 환웅과 웅녀 사이에서 태어난 단군왕검이 건국했다고 전해지는 나라는 고조선이야. 고조선은 우리나라 최초의 국가지. ② 소도라는 신성 구역이 있었던 나라는 삼한이야. ③ 영고는 부여의 제천 행사야. ④ 골품제는 신라의 신분 제도지.

05 탁자 모양 고인돌과 비파형 동검은 모두 고조선의 범위를 알려주는 유물들이야. 단군왕검이 건국한 고조선은 청동기 문화를 바탕으로 성장하였고, 8조법이 있었지. ② 화랑도를 조직했던 국가는 신라였어.

06 고조선의 멸망 과정에 대한 글이야. 우거왕과 성기 장군은 왕검성에서 한나라의 군대와 맞서 싸웠지만, 한나라의 꾐에 넘어간 신하들이 성문을 열어 주고 말았지. 위만은 고조선

에 철기 문화를 들여 왔어. 고조선은 주변 나라들이 한나라와 직접 거래하지 못하게 하고 선 중계 무역을 통해 이익을 얻었어. ⑤ 소도는 삼한에 있었어. ⑥ 부여에는 남의 물건을 훔쳤을 때 12배로 갚는 법이 있었어.

07 8조법은 고조선의 법이야. 도둑질을 한 자는 노비로 삼는다는 조항이 있는 것으로 보아 계급이 없는 평등한 사회였다는 ②번 설명은 옳지 않아.

08 (가)는 지금의 만주 지역으로, 부여가 세워졌던 곳이야. (나)는 동해안의 강원도 지역으로, 동예가 있었던 곳이야. (다)는 지금의 경상도 지역으로, 삼한 중 진한이 있었던 곳이야.

1-3 삼국과 가야의 건국과 발전

STEP 1 ★ 키워드 확인하기 31쪽

- ㉠ 김수로
- ㉡ 근초고왕
- ㉢ 광개토 대왕
- ㉣ 장수왕
- ㉤ 진흥왕

STEP 2 ★ 핵심 문제 풀기 32~34쪽

01 ②　**02** (1)-㉡, (2)-㉠, (3)-㉢　**03** ① '신라' 국호 사용 ② '왕' 호칭 사용 ③ 불교 수용 ④ 율령 반포 ⑤ 한강 유역 차지 ⑥ 화랑도 정비　**04** (1) X (2) X (3) X　**05** (1) 왜 (2) 서역　**06** (가) 6, 진흥 (나) 4, 근초고 (다) 5, 장수 / (나)-(다)-(가)

01 주몽의 아들이었던 비류와 온조는 고구려를 떠나 형인 비류는 미추홀(인천)에, 동생인 온조는 위례성(서울)에 나라를 세웠어. 비류가 죽자 온조는 비류를 따라갔던 사람들을 받아들인 뒤 나라 이름을 백제라고 했어.

02 (1) 광개토 대왕은 요동 지역을 차지하고, 백제를 공격하여 한강 지역으로 세력을 넓혔어. (2) 소수림왕은 율령과 불교를 받아들여 고구려의 기틀을 다졌어. (3) 장수왕은 수도를 평양으로 옮기고 남쪽으로 영토를 넓혔어. 광개토 대왕릉비와 충주 고구려비도 세웠지.

03 지증왕은 신라의 기틀을 다지기 시작했어. 나라 이름을 '신라'로 정하고, 마립간으로 부르던 왕의 호칭도 '왕'으로 바꿨지. 지증왕의

뒤를 이은 법흥왕은 율령을 반포하고 불교를 받아들여서 왕권을 강화하고 신라를 성장시켰어. 신라는 진흥왕 때에 이르러 전성기를 맞이했어. 진흥왕은 청소년들을 교육하는 제도였던 화랑도를 정비해 인재를 키웠어. 또한 한강 유역을 차지해 영토를 크게 넓혔지.

04 (1) 6두품은 6등급의 관직인 아찬까지는 올라갈 수 있었지만, 그 이상의 관직에는 오를 수 없었어. (2) 5두품인 사람은 아무리 돈이 많아도 6두품이나 진골보다 큰 집에서 살 수 없었지. (3) 신라에서는 골품에 따라 오를 수 있는 관직의 한계가 정해져 있었지만, 진골도 낮은 관직에서 일할 수 있었어.

05 (1) 칠지도는 백제와 왜의 관계를 보여주는 칼이야. 칠지도는 칼날이 일곱 개라서 붙여진 이름이야. (2) 신라 고분에서 페르시아-로마 계통의 유리 그릇 등이 나온 것은 신라가 지금의 중앙아시아, 서아시아, 인도를 포함하는 지역인 서역과 활발히 교류했다는 증거야.

06 (가)는 신라의 전성기를 나타낸 지도야. 신라는 6세기 진흥왕 때에 한강 유역 등을 차지하여 영토를 넓히고 비석을 세웠어. (나)는 백제의 전성기를 나타낸 지도야. 백제는 4세기 근초고왕 때에 영토를 크게 넓히고, 중국이나 왜 등 외국과 교류했어. (다)는 고구려의 전성기를 보여줘. 고구려는 5세기 장수왕 때에 한강 유역을 차지하고 남쪽으로 충주까지 영토를 넓혔어.

STEP 3 ★ 생각하며 글쓰기   35~37쪽

01 백제로부터 한강 하류 지역을 빼앗음.
백제의 성왕을 기습하여 죽임.

02 ③

03 예 나는 죄가 없습니다. 제가 백제로부터 한강 하류 지역을 빼앗은 것은 신라를 강한 나라로 만들기 위해서였습니다. 신라는 한반도 동남쪽에 위치해 그동안 중국과 직접 교류를 할 기회가 없었습니다. 그러다 보니 자연스럽게 고구려나 백제에 비해 발전이 늦을 수밖에 없었습니다. 그래서 저희 신라에게는 한강 유역을 차지하는 것이 무엇보다 중요했습니다. 백제와의 약속을 깬 것은 한강 유역을 차지하기 위해 어쩔 수 없는 선택이었습니다.
또한 백제 성왕을 죽인 것은 신라를 보호하기 위해서였습니다. 백제의 공격으로 관산성이 함락되면 신라의 수도인 금성이 위험해집니다. 당시로서는 성왕을 죽이는 것만이 신라의 위기를 한 번에 타개할 수 있는 유일한 방법이었습니다. 그러므로 저는 죄가 없습니다.

★ (가)의 내용: 진흥왕이 관산성을 지원하러 오는 성왕을 죽여야 하는 이유를 설명함.

★ (나)의 내용: 검사가 한강 유역을 빼앗고 성왕을 죽인 진흥왕을 고발함.
1문단: 진흥왕은 약속을 어기고 한강 하류 지역을 차지함.
2문단: 진흥왕은 소수의 병력을 이끌고 이동하던 성왕을 기습하여 죽임.

★ (다)의 내용: 한강 유역의 중요성과 신라가 한강 유역을 차지하여 얻은 이점.

01 (나)에서 검사가 진흥왕을 비판한 내용을 알 수 있어. ① 진흥왕은 나제 동맹의 신뢰를 깨고 백제를 기습하여 한강 하류 지역을 차지했다. ② 진흥왕은 소수의 병력을 이끌고 이동하던 백제의 성왕을 기습하여 죽였다.

02 (가)에 따르면, 백제는 동맹인 대가야와 왜의 군대까지 동원해 관산성을 공격했어. 백제가 왜와 연합해 신라, 대가야의 군대와 싸웠다는 ③번은 잘못됐지. ① 관산성 전투는 신라의 진흥왕이 약속을 어겨서 시작되었어. 백제와 신라는 백제가 한강 하류 지역을, 신라가 한강 상류 지역을 갖기로 합의하고 고구려를 공격하여 한강 지역을 빼앗았어. 하지만 신라의 진흥왕은 약속을 어기고 백제를 공격해 한강 하류 지역까지 차지했지. ② 관산성은 신라의 수도인 금성과 가까워 관산성이 함락되면 신라의 수도가 위험해지기 때문에 군사적으로 매우 중요했지. ④ 성왕은 관산성을 공격하고 있던 아들을 지원하기 위해 이동하던 노중에 신라군의 기습을 받아 목숨을 잃었어. 이후 백제는 3만 명의 군사를 잃고 관산성 전투에서 패배했지.

03   **글쓰기 TIP**   검사는 (나)에서 신라의 진흥왕이 백제로부터 한강 하류 지역을 빼앗고, 백제의 성왕을 기습하여 죽인 것을 비판했어. 1) 신라가 백제로부터 한강 하류 지역을 빼앗은 이유는 (다)에서 찾아볼 수 있어. 2) 진흥왕이 백제의 성왕을 죽여야 했던 이유는 (가)에서 찾을 수 있지. (가), (다)를 바탕으로 (나)에 나타난 검사의 진술을 반박해 보자.
1) 신라에게 있어 한강 하류 지역의 중요성: 한강

하류와 연결된 서해안을 통해 중국과 직접 교류하게 되어 선진 문물을 빠르게 받아들일 수 있게 된다.

2) 진흥왕이 성왕을 죽여야 했던 이유: 백제가 대가야와 왜의 군대까지 동원하여 관산성을 공격하고 있다. 관산성이 함락되면 신라의 수도인 금성이 위험해진다. 이 위기를 타개할 수 있는 방법은 성왕을 죽이는 것밖에 없다.

한국사능력검정시험 기출 문제
38~39쪽

01 ④	02 ④	03 ②	04 ①
05 ②	06 ④	07 ①	08 ①

01 철제 판갑옷 유물이 전해지는 나라는 가야야. 가야는 철기 문화가 발달했지. 가야에는 김수로왕의 건국 이야기가 전해지고 있어. ① 고구려의 장수왕은 국내성에서 평양으로 도읍을 옮겼어. ② 칠지도를 만들어 왜에 보냈던 나라는 백제야.

02 고구려를 공격하여 고국원왕을 전사시키고 중국, 왜 등과 활발히 교류했던 백제의 왕은 근초고왕이야. ① 성왕은 나라 이름을 남부여로 고치고, 도읍을 웅진에서 사비로 옮겼어. ② 고이왕은 율령을 반포하고 관리들의 등급을 나누었어. ③ 무령왕은 중국 남조의 양나라, 왜와 활발히 교류했다고 알려져 있어.

03 장수왕에 대한 설명이야. 장수왕은 수도를 국내성에서 평양으로 옮겼어. ② 지방에 22담로를 두었던 왕은 백제의 무령왕이야. ③ 독서

삼품과를 실시했던 왕은 통일 신라의 원성왕이야.

04 고구려는 전성기에 남쪽으로 영토를 넓혀서 백제와 신라를 압박했어. 백제와 신라는 나제 동맹을 맺어 함께 고구려에 대항했지. ② 신라가 당나라와 연합해 고구려를 공격했던 것은 신라가 백제를 멸망시킨 이후야.

05 불교를 공인하고 금관가야를 병합하여 영토를 넓힌 왕은 법흥왕이야.

06 '나'는 진흥왕이야. 진흥왕은 화랑도를 국가 조직으로 만들었어. ① 태학을 설립한 왕은 고구려의 소수림왕이야.

07 신라에는 골품제라는 신분 제도가 있었어. 6두품은 진골에 비해 차별 대우를 받았지. ② 음서 제도는 고려와 조선 시대에 있었던 제도야. 높은 관직을 지낸 사람의 자손을 시험을 보게 하지 않고 관리로 선발하는 방법이었지. ③ 화랑 제도는 청소년들을 교육하는 신라의 제도였어. ④ 화백 제도는 귀족들이 나라의 중요한 일을 논의하던 신라의 제도였어.

08 금동 미륵보살 반가 사유상은 삼국 시대에 만들어진 불상인데, 일본의 국보인 목조 미륵보살 반가 사유상과 매우 닮았지. ② 청자 상감운학문 매병은 고려 시대의 문화유산이야. ③ 앙부일구는 조선 세종 때 만들어진 해시계야. ④ 『동의보감』은 조선 광해군 시기에 허준이 쓴 의학서야.

1-4 삼국 통일과 발해의 건국

STEP 1 ★ 키워드 확인하기　　41쪽

┌─────────────────────────────────┐
│ ㉠ 살수 대첩　　㉡ 삼국 통일　　㉢ 불국사 │
│ ㉣ 대조영　　㉤ 해동성국 │
└─────────────────────────────────┘

STEP 2 ★ 핵심 문제 풀기　　42~44쪽

┌─────────────────────────────────┐
│ **01** ③　　**02** (다)-(나)-(가)　　**03** ㉠ 9주 ㉡ 5소 │
│ 경 ㉢ 국학 ㉣ 9서당　　**04** (1)-(다)-㉡, (2)-(나)- │
│ ㉠, (3)-(가)-㉢　　**05** ㉠ 고구려 ㉡ 말갈족 ㉢ 동 │
│ 모산 ㉣ 상경성 ㉤ 해동성국　　**06** ③ │
└─────────────────────────────────┘

01 고구려와의 전쟁에서 입은 피해 때문에 망한 나라는 수나라야. 수나라가 망하고 당나라가 들어섰지.

02 신라는 당나라와 나당 동맹을 맺고 백제로 쳐들어갔어. 백제의 수도인 사비성을 함락하고 백제를 멸망시킨 나당 연합군은 뒤이어 고구려의 평양성으로 쳐들어가 고구려를 멸망시켰지. 백제와 고구려가 멸망하자 당나라는 신라까지 차지하려고 했어. 그러자 당나라와 신라 사이에 전쟁이 일어났지. 신라는 매소성과 기벌포에서 당나라를 크게 물리치고 삼국 통일을 완성했어.

03 신문왕은 전국을 9주로 나누고, 수도인 경주가 한반도의 동쪽 끝에 치우친 것을 보완하기 위해 5소경을 만들었지. 또 정책을 실행할 관리들을 키워 내기 위해 국학이라는 학교도 세

웠어. 그리고 수도를 지키는 군대인 9서당을 만들었는데, 신라 사람들뿐만 아니라 고구려, 백제, 말갈 사람들도 들어갈 수 있었어.

04 (1) 불국사 삼층 석탑이야. 석가탑이라고도 불러. 높이와 너비의 비례가 이상적인 조화를 이루고 있어 한국 석탑의 교과서 같은 탑이야. (2) 석굴암은 돌을 쌓아 굴처럼 만든 절인데, 신라 사람들의 뛰어난 과학 기술을 잘 보여 줘. (3) 무구정광대다라니경은 석가탑을 보수하는 과정에서 발견되었어. 세계에서 가장 오래된 목판 인쇄물이기도 하지.

05 발해를 세운 대조영은 백제가 아니라 고구려의 장수였어. 그는 고구려와 말갈족 사람들을 이끌고 당나라를 탈출해 동모산에 이르러 발해를 세웠어. 문왕 때에는 당나라의 수도인 장안성을 본떠 상경성을 만들었어. 발해는 제10대 선왕 때 전성기를 맞았어. 당나라에서는 바다 동쪽의 번성한 나라라는 뜻으로 발해를 '해동 성국'이라고 불렀지.

06 현재 남아 있는 책들 중 금속활자로 찍어낸 가장 오래된 것은 고려 시대에 만들어진 『직지심체요절』이야. ① 신라 출신으로, 당나라의 군인이었던 장보고는 신라로 돌아와 청해진을 설치하고 동아시아의 무역을 장악했어. ② 신라에서는 3년마다 촌락 문서를 작성했어. ④ 최치원은 18세에 당나라의 관리 시험에 합격할 만큼 뛰어난 인재였어. 하지만 신라에서는 6두품이라는 신분적 한계에 막혀 높은 벼슬에 올라갈 수 없었지. 결국 최치원은 벼슬을 버리고 떠났어.

01 ㉠ 대흥보력효감금륜성법대왕 ㉡ 연호 ㉢ 황제

02 ③

03 예 중국 연구원에게. 발해는 당나라에 속한 지방 정권이 아니라 독자적인 나라였습니다.

먼저, 발해는 독자적인 연호를 사용했습니다. 발해 공주들의 무덤에서 나온 묘지명에는 문왕을 '대흥보력효감금륜성법대왕'이라고 칭했는데, 그 중 '대흥', '보력'은 문왕이 사용했던 연호였습니다. 이는 발해가 스스로 연호를 정해 사용하는 독자적인 나라였음을 보여줍니다.

또한 묘지명에는 문왕을 '황상'이라 표현하는 구절도 있는데, 이를 통해 발해가 내부적으로 왕을 황제라고 불렀다는 사실을 알 수 있습니다.

마지막으로 당나라는 발해인들을 외국인에게 보게 하던 시험인 빈공과에 응시하게 했습니다. 예컨대, 발해인 오소도와 오광찬은 당나라의 빈공과에 응시해 합격했습니다.

이러한 사실들을 볼 때, 발해는 당나라에 속한 지방 정권이 아니라 독자적인 나라임에 틀림없습니다.

★ (가)의 내용: 중국은 발해가 완전한 주권 국가가 아니라 중국의 지방 정권이었다고 주장함.

★ (나)의 내용: 발해의 무덤에서 나온 묘지명을 통해 발해가 독자적인 연호를 사용했으며, 내부적으로 왕을 황제라 불렀음을 알 수 있음.

★ (다)의 내용: 발해의 관리였던 오소도와 그의 아들인 오광찬은 당나라의 빈공과에 합격했음.

01 (나)에 따르면, 발해 공주들의 무덤에서 나온 묘지명에는 문왕을 '대흥보력효감금륜성법대왕'이라고 칭했어. 그중 '대흥'과 '보력'은 문왕 때 쓰인 연호야. 연호는 황제만 정할 수 있는 것으로 여겨졌기 때문에 발해가 연호를 정해 사용했다는 것은 스스로를 중국과 동등하게 황제가 다스리는 나라로 여겼다는 증거야.

02 오소도는 자신의 아들인 오광찬의 순위를 신라의 최언위보다 높게 해달라고 요청했어. 이러한 사실을 볼 때 발해와 신라가 빈공과의 합격 순위에 관심이 없었다는 ③번은 옳지 않은 설명이야. ① 발해 사람이었던 오소도와 오광찬은 빈공과에 응시할 수 있었어. ② 발해인이었던 오소도와 오광찬, 신라인이었던 최언위는 모두 외국인이 보는 과거 시험이었던 빈공과에 응시했어. ④ 최언위는 6두품 출신으로 당나라에 유학을 가 빈공과에 응시했어.

03 **글쓰기 TIP**　발해가 독자적인 나라였음을 보여주는 근거들을 (나)와 (다)에서 찾아 정리하고, 이를 바탕으로 주장-근거-결론으로 연결된 한 편의 글을 써 보자.

주장: 발해는 당나라에 속한 지방 정권이 아니라 독자적인 나라였다.

근거

① 발해는 '대흥', '보력' 등 독자적인 연호를 사용했다.

② 발해는 내부적으로 왕을 '황상' 혹은 황제로 불렀다.

③ 발해인들은 당나라로 유학 가 외국인들이 보던 관리 선발 시험인 빈공과에 응시했다.

결론: 발해는 당나라에 속한 지방 정권이 아니라 독자적인 나라임에 틀림없다.

한국사능력검정시험 기출 문제
48~49쪽

01 ②	**02** ③	**03** ②	**04** ②
05 ④	**06** ③	**07** ①	**08** ③

01 우중문 등이 이끄는 수나라 별동대 30만을 무찌른 전투는 살수 대첩이야. 살수 대첩을 지휘한 장수는 을지문덕이지. ① 귀주 대첩은 거란이 고려에 쳐들어오자 강감찬이 귀주에서 거란 군사와 싸워 크게 이긴 전투를 말해. ④ 처인성 전투는 몽골이 고려에 쳐들어왔을 때 처인성의 사람들이 몽골군을 막아낸 전투를 말해.

02 안시성 전투는 당나라의 태종이 고구려에 쳐들어왔을 때 벌어졌어. 안시성 전투는 수나라를 물리친 살수 대첩 이후인 645년에 일어났으므로 (다)에 해당돼.

03 (가) 시기는 나당 연합군이 고구려를 멸망시킨 이후, 신라가 삼국 통일을 완성하기 이전 시기야. 이 시기에 신라는 당나라 군대와 전쟁을 벌였어. 신라는 매소성, 기벌포 전투에서 승리하여 삼국 통일을 완성했지. ① 진포 대첩은 고려군이 화포를 이용해 왜구를 무찌른 해전이야. ③ 관산성 전투는 백제의 성왕이 신라를 공격하려다가 목숨을 잃은 전투야.

04 기벌포 전투와 매소성 전투에서 당나라 군

대를 무찔러 삼국 통일을 이룬 왕은 문무왕이야. 문무왕은 죽어서 동해의 용이 되었다는 이야기가 전해져. ① 무왕은 백제의 제30대 왕이야. 무왕과 관련된 이야기로는 서동 설화가 전해져.

05 김대성이 창건한 석굴암은 화강암을 쌓아 동굴처럼 만든 사원이야. 신라의 우수한 과학기술을 보여주는 문화유산이지. ① 안압지는 동궁과 월지를 말해. ② 천마도 등의 유물이 출토된 곳은 경주의 천마총이야.

06 무구정광대다라니경이 발견된 곳은 경주 불국사 삼층 석탑이야. ① 익산 미륵사지 석탑은 백제의 석탑이야. ② 경주 분황사 모전 석탑은 신라의 불탑이야. 선덕여왕 때 만들어졌어. ④ 평창 월정사 팔각 구층 석탑은 고려의 석탑이야.

07 (가) 국가는 발해야. 발해는 고구려의 유민인 대조영이 건국했지. ③ 황산벌 전투에서 신라군에 패배한 나라는 백제야. ④ 귀족들이 화백 회의에서 나라의 중요한 일을 논의했던 나라는 신라야.

08 (가) 국가는 발해야. 발해는 제10대 선왕 때에 전성기를 맞이했어. 이 시기에 발해는 주변 나라들로부터 해동성국이라고 불렸지. ② 노비안검법은 고려 광종 때 실시되었어. ④ 낙랑과 왜에 철을 수출했던 나라는 가야야.

2-1 후삼국의 통일

○ 호족　○ 후삼국　○ 왕건　○ 고려
○ 훈요 10조

01 ④　**02** (1) ① 견훤 ② 후백제 (2) ① 궁예
② 후고구려 (3) ① 왕건 ② 고려　**03** ① 고창
전투 ② ○　**04** 호족들의 딸과 혼인을 했다.
/ 왕씨 성을 주었다. / 많은 재물과 높은 벼슬
을 주었다.　**05** ○ 불교 ○ 거란 ○ 서경　**06**
(라)-(나)-(가)

01 궁예의 부하였던 왕건은 궁예를 왕위에서 쫓
　아내고 고려를 세웠어. ① 신라는 잦은 반란
　으로 왕권이 약해졌어. 지방에서 힘을 키운
　호족들이 등장했지. ② 견훤은 완산주에 도읍
　을 정하고 후백제를 세웠어. ③ 후고구려는 궁
　예가 세운 나라야. 궁예는 신라의 왕족 출신
　으로 알려져 있어.

02 (1) 견훤은 지방의 혼란을 안정시키기 위해 신
　라 중앙에서 파견한 군인이었지만, 완산주에
　서 후백제를 세웠어. 『삼국사기』에는 호랑이가
　아기 견훤에게 젖을 물렸다는 일화가 있어.
　(2) 궁예는 신라의 왕족 출신으로 알려져 있어.
　혼란스런 세상을 바꾸고자 송악에 도읍을 정
　하고 후고구려를 세웠어. 미륵불이라 자처하며
　포악한 정치를 펼치다 쫓겨났지.

(3) 왕건은 후백제의 후방인 나주 지역을 공
격해 후고구려의 땅으로 만드는 공을 세웠지.
왕건은 궁예를 몰아내고 고려를 세웠어.

03 공산 전투에서 고려가 후백제에게 패배를 당
　한 지 3년이 지난 930년에 두 나라는 크게 맞
　붙었어. 고창 전투야. ○ 송악(개성) ○ 고창
　(안동) ○ 완산주(전주) ○ 공산(대구).

04 왕건은 여러 방법으로 호족들을 자기편으
　로 끌어들였어. 왕건은 호족들의 딸과 혼인하
　거나 자신의 성씨인 왕씨를 호족에게 주기도
　했지. 호족들은 왕실과 한 가족이 된 기분이
　었을 거야. 호족들에게 많은 재물을 나눠 주
　고 높은 벼슬도 내려 주었어.

05 ○ 왕건은 백성들의 마음을 위로하기 위해서
　는 불교의 힘이 필요하다고 생각했어. 국가적
　으로 불교를 장려하라는 유언을 남겼지. ○
　왕건은 발해를 멸망시킨 거란에 대해서는 앞
　으로 고려에 위협이 될 수 있을 것이라고 생
　각해 경계하라고 했어. ○ 왕건은 고구려를 잇
　고 북쪽으로 영토를 넓히겠다는 뜻으로 서경
　에 가서 매년 100일 이상 머무르라고 했어.

06 왕건은 궁예를 쫓아내고 고려를 건국했어. 고
　려는 공산 전투에서 후백제에 크게 패했지만,
　고창 전투에서는 후백제에 크게 승리했지. 덕
　분에 고려는 후삼국의 경쟁에서 앞서 나갈 수
　있었어. 후백제에서는 견훤의 맏아들 신검이
　견훤을 금산사에 가두고 스스로 왕이 되었어.
　견훤은 금산사에서 탈출하여 왕건에게 항복
　했지. 이후 왕건은 신라 경순왕의 항복을 받

고 후백제를 멸망시켜 후삼국을 통일했어.

STEP 3 ★ 생각하며 글쓰기　　　57~59쪽

01 ㉠ 만부교 다리 아래에
　 ㉡ 매어 두고 굶어 죽게 했다.
　 ㉢ 거란은 발해를 배반하고 멸망시켜 버렸
으니 화친을 맺을 이웃이 아니기 때문에

02 예 ① 거란은 발해를 멸망시킨 나라로 친하
게 지낼 수 없다. 북진 정책의 의지를 백성
에게 알렸다. ② 결국 거란이 세 번이나 쳐
들어왔고, 백성들만 피해를 입었다.

03 예 942년 10월에 태조 왕건이 거란에서 온
낙타 50필을 만부교 다리 아래에 묶어 놓고
굶겨 죽이는 사건이 발생했다. 거란이 발해
를 배반하고 멸망시켜 버렸다는 이유로 거
란의 화친 제의를 거부하고, 거란의 사신들
이 끌고 온 낙타들도 죽인 것이다.
이 사건에 대해서는 크게 두 가지 의견이 대
립하고 있다. 하나는 태조의 행동을 옹호하
는 의견이다. 태조는 발해를 멸망시킨 거란
과 친하게 지낼 수 없었을 것이며, 낙타를 죽
임으로써 고구려 땅을 되찾겠다는 자신의 의
지를 백성들에게 보여주려 했다는 것이다.
한편 태조의 행동을 비판하는 의견도 있다.
거란이 이를 구실로 고려에 쳐들어올 수도
있었다는 것이다. 실제로도 거란과의 전쟁
이 세 차례나 일어났고, 백성들이 큰 피해를
입었다.

★ (가)의 내용: 태조 왕건이 거란의 사신을 유배
보내고 사신이 끌고 온 낙타 50필을 만부교 다
리 밑에서 굶겨 죽임.
★ (나)의 내용: 태조 왕건의 거란 정책에 관한 토론.

① 장하다: 태조는 발해를 멸망시킨 거란과
친하게 지낼 수 없었을 것이다. 또한 고구려
땅을 되찾겠다는 자신의 의지를 백성들에
게 보여주려 했을 것이다.
② 나선애: 거란이 이를 구실로 고려에 쳐
들어올 수도 있었다. 그리고 실제로도 거
란과의 전쟁이 세 차례나 일어나 백성들이
피해를 입었다.

01 (가)를 읽고 만부교 사건의 내용을 구성해 보
자. 태조 왕건은 거란이 발해를 배반하고 멸망
시켜 버렸다는 이유로 거란의 화친 제의를 거
부했어. 거란의 사신이 끌고 온 낙타 50필을
만부교 다리 아래에 묶고 굶어 죽게 했지.

02 (나)에 나타난 장하다와 나선애 두 사람의 주
장을 정리해 보자.
① 장하다: 발해를 멸망시킨 거란과 친하게 지
낼 수 없다. 또한 고구려 땅을 되찾겠다는 자
신의 의지를 백성들에게 보여주려 했다.
② 나선애: 기린이 이를 구실로 고려에 쳐
들어올 수도있다. 실제로도 거란과의 전쟁이
세 차례나 일어나 백성들이 피해를 입었다.

03 **글쓰기 TIP** ‘만부교 사건’에 대한 정보는
(가)에서 찾을 수 있어. (나)에서는 태조의 거
란 정책에 대한 상반된 두 의견을 보여주고
있지. (가)를 바탕으로 ‘만부교 사건’에 관한
기사를 써 보고, (나)에 나타난 의견을 참고해
태조의 행동을 평가해 보자.
● **기사 쓰기:** **01**번의 육하원칙을 참고하자.
만부교 사건: 942년 10월에 태조 왕건이 거
란에서 온 낙타 50필을 만부교 다리 아래에

묶어 놓고 굶겨 죽인 사건. 태조 왕건은 거란이 발해를 배반하고 멸망시켜 버렸다는 이유로 화친 제의를 거절하고, 사신들이 끌고 온 낙타들도 죽였음.

● 태조의 거란 정책에 대한 평가

① 태조의 거란 정책을 옹호: 태조는 발해를 멸망시킨 거란과 친하게 지낼 수 없었을 것이다. 또한 고구려 땅을 되찾겠다는 자신의 의지를 백성들에게 보여주려 했을 것이다.

② 태조의 거란 정책을 비판: 거란이 이를 구실로 고려에 쳐들어올 수도 있었다. 그리고 실제로도 거란과의 전쟁이 세 차례나 일어나 백성들이 피해를 입었다.

한국사능력검정시험 기출 문제

60~61쪽

01 ①	02 ②	03 ②	04 ①
05 ④	06 ②	07 ④	08 ①

01 완산주에서 나라를 건국한 사람은 견훤이야. 견훤은 신라 말의 혼란을 틈타 세력을 모아 후백제를 건국했어. ② 궁예는 송악(개성)에 도읍하고 후고구려를 건국했어. ③ 만적은 무신 정권 시기에 봉기를 일으킨 천민이야. ④ 양길은 신라 말기에 활동하던 호족이야.

02 (가) 국가는 후백제야. 5소경은 후백제가 아니라 통일 신라의 행정구역이지.

03 왕건이 안동에서 견훤에게 크게 승리한 전투는 고창 전투야. 고창 전투는 시기상으로 (나)

에 해당되는 930년에 벌어졌어. 원종·애노의 난은 신라 말의 농민 반란이야.

04 고창 전투에서 승리한 고려는 후삼국 경쟁에서 앞서나가게 됐어. ② 진포 대첩에서 최무선은 화포를 이용해 왜구를 물리쳤어. ③ 삼별초 항쟁은 삼별초가 몽골에 대항하여 일으킨 싸움이야. ④ 위화도 회군은 이성계가 요동 정벌에 반대하며 군대를 돌린 사건이지.

05 신검은 왕위를 차지하기 위해 아버지 견훤을 금산사에 가두었어. 하지만 견훤은 금산사를 탈출하여 왕건에게 항복했지.

06 견훤이 후백제를 건국하고 궁예가 후고구려를 건국하면서 후삼국 시대가 시작되었어. 하지만 궁예는 곧 왕건에게 왕위를 빼앗겼고 왕건은 고려를 세웠어. 신라의 경순왕은 왕건과 견훤 중 더 신라에 우호적이었던 왕건에게 항복했지. 이후 왕건은 왕위에서 쫓겨난 견훤을 받아들이고 후백제를 공격해 멸망시켰어.

07 고려를 세우고 빈민 구제를 위해 흑창을 설치했던 왕은 왕건이야. 왕건은 대광현 등 멸망한 발해의 유민을 받아들였어.

08 밑줄 그은 왕은 고려의 태조 왕건이야. 왕건은 신라의 항복을 받고 후백제를 멸망시켜 후삼국을 통일했어. ② 윤관은 여진족을 정벌하기 위해 별무반을 조직했어. ③ 4군 6진을 개척한 것은 조선의 세종 때야. ④ 노비안검법을 실시한 왕은 고려의 광종이야.

2-2 고려의 발전과 활발한 대외 교류

01 ②　**02** (1) 노비안검법 (2) ㉠ 약해졌고 ㉡
강해졌다　**03** (1) ㉠ 고구려 ㉡ 여진족 (2) 해
설 참고, 강동 6주　**04** (다)-(나)-(가)　**05** ④

01 성종은 중앙 정치 제도를 정비하고 지방에
도 관리를 파견하여 중앙의 목소리가 지방
까지 잘 전달될 수 있도록 했어. ④ 고려 시대
사람들은 일생을 절과 함께 했어. 사람이 절
에 많이 모이다 보니 절에서 물건의 거래가 이
루어지기도 했고, 절은 사람이 드문 곳에 있
는 경우가 많아서 여행자들이 묵어갈 수 있는
숙박 시설의 역할도 했어.

02 광종은 노비안검법을 시행해 호족들이 불법
으로 차지하고 있던 노비들을 다시 양인으
로 풀어주었어. 그 결과로 호족들의 힘이 크게
약해지. 반대로 왕의 권력은 강화되었어.

03 (1) ㉠ 거란의 장수 소손녕은 거란이 옛 고구
려의 땅을 차지했으니, 고구려의 영토였던 고
려 북쪽의 땅도 내놓으라고 주장했어. 그러자

서희는 고려야말로 고구려를 이은 나라라고
맞받아쳤지.
㉡ 서희는 고려가 송나라와 손잡지 못하게 하
려는 소손녕의 본심을 꿰뚫어 보았어. 그리고
는 압록강 근처에서 길을 막고 있는 여진족이
차지한 땅을 고려가 갖게 해 준다면 거란과
친하게 지낼 것이라고 약속했지.

(2) 서희의 담판으
로 얻게 된 땅을
압록강 동쪽의 6
개 고을이라는 뜻
으로 강동 6주라
고 불러.

강동 6주의 위치

04 거란의 1차 침입 때에는 서희가 거란 장수 소
손녕과 외교 담판을 지어 강동 6주를 얻어
냈어. 거란은 강동 6주를 빼앗기 위해 고려를
공격할 구실을 찾고 있었어. 고려에서는 강조
의 정변이 일어났는데, 거란은 이 정변을 구실
로 고려에 쳐들어왔어. 거란군은 고려의 수도
인 개경을 함락시켰지만 현종을 붙잡지 못했
고, 오히려 양규가 이끄는 고려군에 의해 큰
피해를 입고 돌아갈 수밖에 없었지. 거란군은
1018년에 또 다시 군대를 이끌고 쳐들어왔어.
총사령관이었던 강감찬은 후퇴하는 거란군
을 귀주에서 크게 물리쳤어. 귀주 대첩이야.

05 고려는 거란과도 교류했어. 거란은 고려에 은,
모피, 말 등을 주고 농기구, 곡식, 문방구 등을
받아갔지.

01 ④

02 ① 후주 ② 고려에 왔다가 병이 나 머물게 되었음. ③ 과거 제도의 설치를 건의하였음.

03 ②

04 예 최승로야, 네가 나의 업적을 평가한 것을 잘 들었다. 너는 내가 쌍기를 예우하는 것이 지나쳤고, 결국에는 어진 인재도 얻지 못했다고 비판했다. 그리고 재주 없는 자가 함부로 승진했다고도 말했지. 너는 내가 과거제를 시행한 것을 부정적으로 보고 있는 것 같구나.
하지만 나는 쌍기의 건의에 따라 과거제를 시행할 수밖에 없었다. 나는 호족과 공신들의 힘을 약화시키고 왕권을 강화하기 위해 새로운 신하들이 필요했다. 그래서 유학 시험을 통해 관리를 선발하면 학식이 뛰어난 충성스러운 관리들을 많이 선발할 수 있을 것이라고 생각했다.
최승로야, 너도 유학 공부를 열심히 하여 나라에 보탬이 되는 신하가 되도록 하여라.

★ (가)의 내용: 쌍기의 건의에 따라 과거제를 실시하려는 광종과 이에 좌절하는 신하들.
★ (나)의 내용: 쌍기의 일생과 업적.
★ (다)의 내용: 광종에 대한 최승로의 평가.

01 (가)에는 광종이 과거제를 실시한 이유들이 담겨 있어.
1) 광종은 과거제를 통해 유학을 공부한 능력 있는 인재를 선발하고자 했다.
2) 광종은 과거제를 실시해 충성스러운 새 관료를 얻고, 호족 및 공신 세력의 힘을 약화시

키려 했다.
따라서 공신과 힘 있는 호족의 자제들이 시험에 대거 합격할 것을 기대하는 ④번 보기는 옳지 않아.

02 (나)에 나타난 쌍기의 정보를 정리해 보자.
① 쌍기는 원래 중국 후주 출신이야. ② 쌍기는 후주의 봉책사 설문우를 따라 고려에 왔다가 병이 나 머물게 되었어. 광종은 쌍기의 재능을 알아보고 벼슬을 주었지. ③ 쌍기는 광종에게 과거 제도의 설치를 건의했어.

03 최승로는 광종이 즉위 후 8년까지는 나라를 잘 다스렸다고 평가했지만, 쌍기가 등용된 뒤부터 관리를 마구 임명하고 잔치를 자주 벌였다고 비판했어. ④ 최승로는 광종이 중국의 선비인 쌍기를 예우하는 것이 지나쳤고, 어진 인재를 얻지 못했다고 비판했어.

04 글쓰기 TIP   최승로가 광종에 대해 비판한 내용은 (다)에서 찾아볼 수 있어. 광종이 과거제를 시행한 이유에 대해서는 (가)에 나와 있지. 광종의 입장이 되어 자신을 비판한 최승로에게 이야기하는 글을 써 보자.
1) 최승로가 광종에 대해 비판한 내용
① 쌍기를 예우하여 은혜를 지나치게 베풀었고, 재주 없는 자가 함부로 나아가 승진했음.
② 중국의 선비인 쌍기를 예우했지만, 결국 어진 신하는 얻지 못했음.
2) 광종이 과거제를 시행한 이유
㉠ 과거제를 통해 유학을 공부한 능력 있는 인재들을 선발하기 위해.
㉡ 공신과 호족들의 힘을 약화시키고 새로운

세력을 등용하여 왕건을 강화하기 위해.

01 ③	**02** ②	**03** ②	**04** ③
05 ②	**06** ②	**07** ②	**08** ①

01 고려의 광종은 과거제를 도입하고 '광덕'이라는 연호를 사용했어. 또 노비안검법을 시행해 호족들의 세력을 약화시키려 했지. ① 천리장성을 축조한 사람은 고구려의 연개소문이야. ② 2성 6부제는 고려의 중앙 정치 조직이야. ④ 공민왕은 몽골식 풍습을 금지하고 신돈을 등용해 개혁을 추진했어.

02 광종이 쌍기의 건의를 받아들여 과거제를 시행했어. ③ 양천제는 조선의 신분 제도야. 조선은 법적으로 백성들을 양인과 천인으로 구분했어. ④ 음서제는 고려와 조선에서 사용된 관리 등용 방법이야. 높은 벼슬을 한 관리의 자손을 별도의 시험 없이 관리로 뽑는 제도였어.

03 고려의 현종은 지방 행정 조직을 정비했어. 국경 지역을 제외한 전국을 5도로 나누고, 국경 지역에는 북계와 동계를 두어 외적의 침입을 대비하게 했지. ① 8도는 조선의 지방 행정 조직이야. ③ 9주 5소경은 통일신라의 신문왕 때 마련된 지방 행정 조직이야. ④ 5경 15부 62주는 발해의 지방 행정 조직이야.

04 서희는 거란이 쳐들어오자 거란 장수와 외교 담판을 지어 강동 6주를 얻어냈어. ① 동북 9성은 윤관이 여진족을 몰아내고 그 땅에 쌓은 성이야. ② 4군 6진은 조선 세종 때 두만강과 압록강변의 여진족을 몰아내고 차지한 지역이야. ④ 고려 공민왕은 원나라 세력을 몰아내고 철령 이북의 땅을 되찾았어.

05 강감찬이 귀주에서 거란군을 크게 물리친 전투는 귀주 대첩이야. 귀주 대첩은 거란군의 3차 침입 때인 1019년에 벌어졌어.

06 고려 시대의 국제 무역항은 예성강 하구에 위치했던 벽란도였어.

07 연등회와 함께 고려의 중요한 행사로, 불교와 도교 및 민간 신앙이 어우러졌던 행사는 팔관회야. 태조 왕건은 훈요 10조에서 팔관회를 성대히 열 것을 강조하기도 했어.

08 왕자로 태어나 승려가 되어 천태종을 연 인물은 의천이야. 대각 국사라고도 불렸지. ② 혜초는 신라 시대의 승려로, 천축이라 불리던 인도를 여행하고 『왕오천축국전』이라는 여행기를 남겼어. ③ 원효는 신라의 승려로, 백성들에게 부처님의 말씀을 널리 알리기 위해 노력한 인물이야. ④ 묘청은 서경으로 도읍을 옮길 것을 주장한 승려야. 자신의 건의가 받아들여지지 않자 반란을 일으켰으나 김부식에 의해 진압되었어.

2-3 잇따른 반란으로 흔들리는 고려

STEP 1 ★ 키워드 확인하기　　73쪽

> ㉠ 윤관　㉡ 이자겸　㉢ 서경　㉣ 최충헌
> ㉤ 만적

STEP 2 ★ 핵심 문제 풀기　　74~76쪽

> **01** ③　**02** (라)-(가)-(다)　**03** (1) ㉠ (2) ㉠ 서경 ㉡ 김부식　**04** ㉠ 무신 정변 ㉡ 보현원 ㉢ 문신 ㉣ 무신　**05** ㉠ 교정도감 ㉡ 도방　**06** ⑩ 소에 대한 차별 대우에 반발해 봉기를 일으켰소.

01 윤관은 여진족과 싸우기 위해 별무반을 만들었어. 윤관은 별무반을 이끌고 여진족 마을을 공격해 땅을 빼앗고 그곳에 동북 9성을 쌓았지만, 오래 지나지 않아 돌려주었어.

02 여진족이 국경 지역을 침략하는 일이 잦아지자, 윤관은 여진족과 맞서 싸우기 위해 별무반을 만들었어. 윤관은 별무반을 이끌고 여진족을 공격해 여진족 마을 수십 곳을 차지하고 그곳에 동북 9성을 쌓았어. 하지만 여진족이 끈질기게 이 지역을 돌려달라고 요청했고, 고려도 이 지역을 지키기가 어려웠기 때문에 결국 동북 9성을 돌려주고 말았어.

03 묘청이 인종에게 제안한 새 수도는 서경이야. 지도에서는 ㉠에 해당하지. 묘청은 인종에게

개경의 기운이 약해졌으니 서경으로 수도를 옮겨야 한다고 제안했어. 처음에는 묘청의 주장이 힘을 얻었지만, 개경 출신 귀족들의 반대로 수도를 옮기는 일이 이뤄지지 않았지. 그러자 묘청은 서경에서 반란을 일으켰어. 개경에서는 반란을 진압하기 위해 군대를 보냈어. 총사령관은 김부식이었지. 결국 묘청이 일으킨 반란은 1년 만에 진압되었어.

04 이의방, 정중부 등이 일으킨 사건은 무신 정변이야. 의종 일행이 보현원이라는 절에서 밤을 보내게 되었을 때 무신들이 들고일어났어. 무신들은 의종을 따랐던 문신들을 죽여 버리고 왕도 쫓아내었어. 무신 정변은 무신들이 자신들에 대한 차별 대우에 불만에서 비롯됐어.

05 최충헌은 교정도감이라는 기관을 만들어서 권력을 유지하는 데 이용했어. 교정도감은 원래 관리들을 감시하는 기관이었는데, 나중에는 나랏일 전반을 관리하면서 최고 권력 기관이 되었지. 또한 최충헌은 도방이라는 호위 기구를 만들었어. 나라의 기관이었지만 최충헌의 사병과 다름이 없었지.

06 고려 시대에는 향, 소, 부곡이라는 특수 행정 구역이 있었어. 그중 소에 사는 사람들은 다른 지역 사람들이 내는 세금 외에도 나라에 필요한 수공업품을 만들어 바쳐야 했지. 명학소의 사람들은 숯을 만들어서 나라에 바쳤어. 이곳 사람들은 무신 정권기에 더욱 살기 힘들어지자 봉기를 일으킨 거지.

01 ⊙ 고려가 여진을 공격하여 승리하고 성을 쌓음. ⓒ 금나라가 사신을 보내 형제의 예를 요구했지만 고려가 받아들이지 않음. ⓒ 고려가 금나라를 대국으로 섬길 것을 결정함.

02 예 고려는 금나라를 예전부터 작은 부족으로 나뉘어 고려를 대국으로 섬겼던 나라로 생각했기 때문에 금나라에 항복하지 않았을 것이다.

03 예 폐하, 금나라와 전쟁을 해서는 안 됩니다. 금나라는 작은 부족으로 나뉘어 우리에게 머리를 조아렸던 예전의 여진이 아닙니다. 지금 금나라는 군사력도 강해지고 정치도 잘 다스려 세력이 나날로 커지고 있습니다.
금나라는 거란과 송나라와도 싸워 모두 이기지 않았습니까? 현재로서는 금나라가 고려보다도 큰 나라라고 할 수 있습니다. 작은 나라인 고려가 큰 나라인 금나라와 싸운다면 반드시 고려의 백성들이 큰 피해를 입을 것입니다.
그러므로 금나라와 전쟁을 피하고 금나라에 사신을 보내 예를 갖추는 것이 좋습니다.

★ (가)의 내용: 고려와 여진의 관계가 변화함.
　1011년~1036년: 여진이 고려에 특산물을 바침.
　1107년: 고려가 여진을 공격하여 승리하고 성을 쌓음.
　1117년~1126년: 금나라가 황제를 칭하며 대국으로 섬길 것을 고려에 요구함.
★ (나)의 내용: 금나라를 대국으로 섬기는 문제에 대한 신하들의 상반된 의견.
　① 신하1: 금나라는 예부터 작은 부족으로 나뉘어 고려를 대국으로 섬겼던 나라이기 때문에 금나라를 대국으로 섬겨서는 안 됨.
　② 신하2: 금나라는 세력이 나날로 커지고 있으니 작은 나라인 고려가 큰 나라인 금나라를 대국으로 섬겨야 함.

01 (가)를 통해 고려와 여진의 관계 변화를 알 수 있어. 여진은 1011년과 1036년에는 고려에 특산품을 바쳤어. 1107년에는 고려가 윤관 등을 보내 여진을 공격하여 승리하고 그곳에 성을 쌓았지. 세력이 강해진 여진은 나라 이름을 금이라고 정하고 1117년 고려에 형제의 예를 갖출 것을 요구했어. 고려는 이를 받아들이지 않았지. 하지만 1126년에 고려 조정은 결국 금나라를 대국으로 섬길 것을 결정했어.

02 (나)에 나타난 신하1의 의견을 참고하여 1117년에 고려가 금나라에 항복하지 않은 이유를 유추해 보자. 신하1은 금나라는 예부터 작은 부족으로 나뉘어 고려를 대국으로 섬겼던 나라이기 때문에 금나라를 대국으로 섬겨서는 안 된다고 주장했어. 1117년에는 이런 주장이 받아들여져 금나라에 항복하지 않았을 거야.

03　글쓰기 TIP　(나)에 나타난 신하2의 주장을 참고하여 금나라와의 전쟁을 반대하는 상소문을 써 보자. 전쟁을 반대하는 근거가 잘 드러나야 해.
① 상소문을 쓰는 이유: 금나라와 전쟁을 해서는 안 됩니다.
② 주장을 뒷받침하는 근거 제시(신하2의 주장): 금나라는 군사력은 물론 정치도 잘 다스려 세력이 강해지고 있다. 금나라는 거란과

송나라에도 승리했다. 작은 나라가 큰 나라를 섬기는 것은 예전부터 해오던 것이니 금나라에 사신을 보내 예를 갖추는 것이 좋다.

한국사능력검정시험 기출 문제
80~81쪽

01 ①	02 ②	03 ③	04 ④
05 ②	06 ①	07 ③	08 ③

01 윤관은 별무반을 만들어 여진족을 무찔렀어. 윤관은 진족을 몰아낸 후 그곳에 동북 9성을 쌓았어. ③ 공민왕은 쌍성총관부를 공격해 원나라에 빼앗겼던 땅을 되찾았어.

02 이자겸은 고려 왕실과 거듭한 혼인으로 세력을 키웠어. 경원 이씨 집안은 대표적인 문벌 귀족이지. ③ 진골은 신라의 신분 제도의 등급이야. ④ 신진 사대부는 고려 말 유학을 공부하고 과거를 통해 관직에 진출한 사람이야.

03 김부식은 『삼국사기』를 지어 우리나라의 역사를 정리했어. 현재 전해지는 가장 오래된 우리나라 역사책이야. ① 『농사직설』은 조선 세종 때 편찬된 책으로, 조선의 상황에 맞게 농사를 짓는 비결을 모았어. ② 『동의보감』은 조선 광해군 때 허준이 쓴 의학서야. ④ 『직지심체요절』은 현재 전해지는 가장 오래된 금속 활자로 찍어 낸 책이야.

04 묘청은 인종에게 서경으로 도읍을 옮길 것을 주장했어. 만약 서경으로 도읍을 옮긴다면 금나라를 비롯한 주변 나라들이 모두 항복할 것이라고 말하기도 했지. ① 우리나라에 성리학을 도입한 인물은 고려 후기의 학자인 안향이야. ② 규장각을 설치한 인물은 조선의 정조야. ③ 향약 실시를 건의한 인물은 조선의 학자이자 정치가인 조광조야.

05 (가) 시기에는 최충헌과 최우의 최씨 집안이 정권을 장악했지. 정방은 최우가 나라의 관리들을 임명하기 위해 만든 기구야. ① 김헌창은 신라 말에 자신의 나라를 세우겠다며 반란을 일으켰어. ③ 묘청이 금 정벌을 주장한 건 무신 정변 이전의 일이야.

06 글의 내용으로 보아 무신 집권기에 최충헌이 이의민을 제거하고 권력을 잡았어. 이 시기에는 정중부, 이의민, 최충헌 등 무신들이 권력을 장악했어. ④ 사림이 동인과 서인으로 나뉜 것은 조선 선조 대의 일이야.

07 무신 집권기에 있었던 민중의 저항이 나와 있어. 개경에서는 만적이라는 노비가 봉기를 준비하다가 발각되었어. 공주에 있는 명학소에서는 망이와 망소이가 특수 행정구역에 대한 차별에 반발하여 봉기를 일으켰지. 운문에서는 김사미, 초전에 효심이 봉기를 일으켰어.

08 만적의 난은 최충헌이 권력을 잡고 있던 시기인 (다)에 일어났어. 만적은 다른 노비들을 모아 봉기를 일으키려고 했지만 계획이 들통나면서 실패로 끝났지.

2-4 몽골과의 전쟁과 고려의 개혁

STEP 1 ★ 키워드 확인하기   83쪽

㉠ 강화도   ㉡ 김윤후   ㉢ 정동행성
㉣ 공민왕   ㉤ 직지심체요절

STEP2 ★ 핵심 문제 풀기   84~86쪽

01 (다)-(라)-(가)   **02** (1) ㉢ (2) ㉢→㉤→㉣
03 (1) ㉢ (2) 정동행성을 설치해 고려의 내정에
간섭   **04** ②   **05** ②

01 고려와 몽골의 전쟁은 고려에 온 몽골 사신 저고여가 돌아가는 길에 누군가에 의해 죽임을 당한 사건을 계기로 시작되었어. 고려는 수도를 개경에서 강화도로 옮기고 몽골군에 맞서 싸우기로 했지. 몽골군은 육지에 남아 전국을 약탈하자 백성들은 있는 힘을 다해 몽골군에 맞서 싸웠지. 용인의 처인성에서는 김윤후를 비롯한 백성들이 용감하게 싸워 몽골군을 물리치기도 했어. 몽골군의 계속된 침략과 최씨 정권의 무능함 때문에 백성들은 점점 지쳐갔어. 최씨 정권이 몰락하자 고려 조정은 몽골에 항복을 결정하고 개경으로 돌아왔어.

02 (1) 몽골의 1차 침입 이후 고려는 수도를 개경에서 강화도로 옮겼어. (2) 고려의 삼별초는 왕의 명령을 듣지 않고 몽골에 계속 저항하기로 결정했어. 그들은 왕족을 왕으로 세우고 강화도에서 진도로, 진도에서 제주도로 근거지를 옮기며 버텼지만 결국 진압되었어.

03 원나라는 교정도감이 아니라 정동행성을 설치해 고려의 내정에 간섭했어. 교정도감은 최충헌이 만든 최고 권력 기관이었어.

04 공민왕은 반원 개혁으로 원나라가 차지하고 있던 쌍성총관부 지역을 되찾았지. 그리고 원나라의 풍습을 금지시키는 한편 원나라의 힘을 믿고 횡포를 부리던 권문세족들을 제거했지. 신돈을 등용해 개혁을 추진하고 성균관을 지어 젊은 인재를 육성했어.

05 경주의 첨성대는 신라의 문화유산이야. ① 상감 기법을 사용한 고려청자는 고려 시대를 대표하는 문화유산이야. ③ 부석사의 무량수전은 대표적인 고려 시대 건축물이야. 무량수전은 기둥의 가운데 부분을 볼록하게 한 배흘림 양식으로 유명해. ④『직지심체요절』은 고려 시대에 만들어진 책으로, 현재 남아 있는 책 가운데 금속 활자로 찍어 낸 세계에서 가장 오래된 책이야.

STEP 3 ★ 생각하며 글쓰기   87~89쪽

01 예 ㉠ 쌍성총관부 지역을 되찾고 북쪽으로 영토를 넓힘. ㉡ 신돈을 등용하여 권세가들이 빼앗은 땅을 돌려주고 억울하게 노비가 된 사람들을 양인으로 되돌려줌.
02 예 ① 공민왕의 정책으로 살기 좋아졌다. ② 공민왕의 정책으로 살기 더 어려워졌다. ③ 신돈은 스님 출신이라 개혁이 성공하기 어려울 것이다.

03 예 공민왕은 원나라의 간섭에서 벗어나기 위해 개혁을 추진했다. 먼저 원나라의 풍습과 연호의 사용을 금지하고, 내정 간섭 기구였던 정동행성을 없앴다. 또한 원나라가 차지하고 있던 쌍성총관부 지역을 되찾고 북쪽으로 영토를 더욱 넓혔다. 그리고 원나라의 힘을 믿고 횡포를 부리던 기철 일당을 몰아냈다. 공민왕은 신돈을 등용해 권문세족이 빼앗은 백성들의 땅을 돌려주고 억울하게 노비가 된 백성들을 다시 양인으로 되돌려주었다.

이러한 공민왕의 개혁 정책에 백성들은 더욱 살기 좋아졌다며 만세를 불렀다. 하지만 권문세족들은 자신들의 땅을 빼앗겨 더욱 살기 어려워졌다며 불평을 늘어놓았다. 한편 신진 사대부들은 신돈이 스님 출신이라 유교 지식이 부족하여 개혁이 성공하기 어려울 것이라는 예측을 내놓았다.

★ (가)의 내용: 공민왕이 원나라의 간섭에서 벗어나기 위해 개혁을 추진함.

　1문단: 공민왕이 원나라의 풍습을 금지하고 정동행성을 없앰. 쌍성총관부 지역을 되찾고 북쪽으로 땅을 넓힘.

　2문단: 원나라의 힘을 믿고 횡포를 부리던 기철 세력을 제거함.

　3문단: 신돈을 등용하여 권세가들이 빼앗은 땅을 돌려주고 억울하게 노비가 된 사람들을 양인으로 되돌려줌.

★ (나)의 내용: 공민왕의 정책에 대한 백성들, 권문세족, 신진 사대부의 반응

　① 백성들: 공민왕의 정책으로 살기 좋아졌다.

---

　② 권문세족: 공민왕의 정책으로 더 살기 어려워졌다.

　③ 신진 사대부: 신돈은 스님 출신이라 개혁이 성공하기 어려울 것이다.

01 (가)에 나타난 공민왕의 개혁 정책들을 정리해보자.

　① 원나라가 내정에 간섭함. → 원나라 연호 금지. 정동행성 폐지.

　② 원나라가 고려의 영토를 빼앗음. → ㉠ 쌍성총관부 지역을 찾고 북으로 영토를 넓힘.

　③ 원나라의 힘을 믿고 횡포를 부리는 신하들이 있음. → 기철 일당을 몰아냄.

　④ 권문세족들이 백성의 땅을 빼앗고 강제로 노비로 만듦. → ㉡ 신돈을 등용하여 권세가들이 빼앗은 땅을 돌려주고 억울하게 노비가 된 사람들을 양인으로 되돌려줌.

02 공민왕의 정책에 대한 백성들, 권문세족, 신진 사대부의 반응은 (나)에서 찾아볼 수 있어. (나)에 나타난 백성, 권문세족, 신진 사대부의 반응을 정리해 보자.

　① 백성들: 공민왕의 정책으로 살기 좋아졌다. 신돈을 등용한 것은 좋은 선택이다.

　② 권문세족: 공민왕의 정책으로 살기 더 어려워졌다.

　③ 신진 사대부: 신돈은 스님 출신이라 유교적 지식이 부족해 개혁이 성공하기 어려울 것이다.

03 **글쓰기 TIP** (가)에 나타난 공민왕의 정책과 (나)에 나타난 백성, 권문세족, 신진 사대부의 반응을 정리하여 기사를 써 보자.

1) 공민왕의 정책

① 공민왕이 원나라의 풍습과 연호의 사용을 금지하고 정동행성을 없앴다.

② 원나라가 차지하고 있던 쌍성 총관부 지역을 되찾고 북쪽으로 영토를 더욱 넓혔다.

③ 원나라의 힘을 믿고 횡포를 부리던 기철 일당을 몰아냈다.

④ 신돈을 등용해 권문세족이 뺏은 백성들의 땅을 돌려주고 억울하게 노비가 된 백성들을 다시 양인으로 되돌려주었다.

2) 당시 사람들의 반응

① 백성들: 공민왕의 정책으로 살기 좋아졌다.

② 권문세족: 공민왕의 정책으로 땅을 빼앗겨 살기 더 어려워졌다.

③ 신진 사대부: 신돈은 스님 출신이라 유교 지식이 부족하여 개혁이 성공하기 어려울 것이다.

한국사능력검정시험 기출 문제
90~91쪽

| 01 ③ | 02 ④ | 03 ④ | 04 ④ |
| 05 ① | 06 ② | 07 ② | 08 ④ |

01 몽골의 침입에 대비하기 위해 강화도로 수도를 옮긴 것은 무신 정변과 쌍성총관부 탈환 사이인 (다) 시기야.

02 처인성에서 몽골군을 막아낸 승려 출신의 장수는 김윤후야. 김윤후는 백성들과 함께 열심히 싸워 몽골군을 물리쳤어.

03 공민왕은 원나라로부터의 간섭에서 벗어나 개혁을 추진하려고 했어.

04 신돈은 공민왕을 도와 개혁 정책을 추진했어. 전민변정도감은 신돈이 개혁을 추진하면서 만든 관청의 이름이야. 이 시기는 고려 정부가 몽골에 항복하여 개경으로 돌아온 이후인 (라) 시기의 일이야.

05 최무선은 화약 무기를 개발하여 화포를 배에 실을 수 있게 만들었어. 최무선은 고려 수군을 이끌고 진포에서 왜구를 격퇴했어.

06 표면에 그림을 그려서 파낸 자리에 다른 색의 흙을 메워 유약을 발라 굽는 기법은 상감 기법이라고 해. ③ 분청사기는 조선 초기에 유행했던 도자기야. ④ 백자는 조선 시대에 가장 유행했던 도자기야.

07 팔만대장경에 대한 설명이야. 합천의 해인사에 보관되어 있지. ④ 월인천강지곡은 조선 세종 때 지어진 불교 노래야.

08 지금까지 남아 있는 금속 활자 인쇄본 가운데 세계에서 가장 오래된 책은 『직지심체요절』이야. 프랑스 국립 도서관에서 근무했던 박병선 박사에 의해 발견되었어. ① 『경국대전』은 조선 세조 때 편찬하기 시작해서 성종 때 완성한 조선 최고의 법전이야. ② 『농사직설』은 조선 세종 때 편찬되었어.

3-1 조선의 건국

⊙ 이성계   ⊙ 정도전   ⊙ 정몽주   ⊙ 한양
⊙ 8도

01 ④   **02** ③   **03** (1) ⊙ (2) ① 교통 ② 외적 ③ 평야 ④ 조세   **04** (가) 경복궁 (나) 종묘 (다) 사직단 (라) 흥인지문   **05** 예 ⊙ 전국을 8도로 정비 ⊙ 호패법을 실시함   **06** (라)-(가)-(나)

01 정몽주는 고려라는 나라를 유지한 채로 개혁을 추진하려고 했어. 하지만 고려를 무너뜨리고 새 나라를 세우고자 했던 이성계의 아들 이방원에게 죽임을 당했지. 따라서 정몽주가 정도전을 제거하고 조선을 건국했다는 ④번은 알맞지 않은 설명이야.

02 이방원은 〈하여가〉를 지어 정몽주에게 새 나라를 세워 잘 살아보자는 뜻을 전하려 했어. 하지만 정몽주는 〈단심가〉를 지어 고려에 대한 자신의 마음이 변하지 않을 것임을 말했지. ① 최영은 이성계가 위화도에서 군사를 돌리자 개경에서 맞서 싸웠어. ② 유교 정신에 따라 한양을 설계한 것은 정도전이야. ④ 정몽주가 〈단심가〉를 지은 것은 죽어서도 고려와 함께 하겠다는 다짐을 전하기 위해서야.

03 (1) 한양은 한반도의 중심인 ⊙ 지역에 위치하고 있었어. (2) 한양은 한반도의 중심에 위치하고 있어 교통에 유리했고, 북쪽이 산으로 둘러싸여 있어 외적을 방비하기에 좋았어. 또한 한강 하류 쪽의 넓은 평야가 있어 농사짓기 좋았고, 한강이 있어 배로 조세를 실어 나르기 유리했지.

04 (가) 조선의 첫 번째 궁궐은 경복궁이야. 경복궁은 임진왜란 때 불타기 전까지 조선의 제1궁궐이었지. (나) 종묘는 왕실의 조상에게 제사를 지내던 곳이야. 유네스코 세계 문화유산으로도 등재되어 있어. (다) 사직단은 토지와 곡식의 신에게 제사를 지내던 곳이야. 종묘와 함께 조선 왕조를 상징하는 공간이었어. (라) 흥인지문은 한양의 동쪽 대문으로 보물 제1호야. 동대문이라고도 불러.

05 태종은 중앙의 명령이 지방에 잘 전달될 수 있도록 전국을 8도로 나누고 각 도에 관찰사를 파견했어. 또한 태종은 인구를 잘 파악하기 위해 호패법을 실시했어. 호패는 일종의 신분증인데, 호패법을 시행하면서 노동력을 동원하거나 조세를 거두기도 더욱 쉬워졌어. 그밖에 행정부가 왕에게 직접 업무에 대해 보고하게 하거나, 왕권에 위협에 되는 신하들이나 외척들을 제거했어.

06 이성계는 위화도에서 회군하여 권력을 잡고 신진 사대부와 함께 개혁을 추진했어. 하지만 신진 사대부들은 개혁 방향을 두고 새 나라를 세우자는 파와 고려를 유지하자는 파로 갈렸지. 결국 고려를 유지한 채로 개혁할 것을

주장했던 정몽주는 이방원에 의해 죽임을 당했어. 반대 세력인 정몽주를 제거한 이성계는 왕이 되어 조선을 건국했지. 조선 왕실은 정도전이 설계한 한양으로 천도했어.

STEP 3 ★ 생각하며 글쓰기 99~101쪽

01 ㉠ 의정부를 거치지 않고 6조에서 업무를 직접 왕에게 보고함. ㉡ 왕이 직접 정치를 함. 왕의 권한이 강함. ㉢ 모든 나랏일을 도맡아 검토하여 권한이 큼.

02 ③

03 예 정도전은 의정부 서사제의 시행을 주장할 것이다. 정도전은 시험을 통과하고 일을 잘해야 재상이 될 수 있기 때문에 재상은 우수한 사람만 될 수 있다고 생각했다. 반면에 왕은 능력이 부족하거나 포악해도 왕이 될 수 있으므로 왕이 직접 정치를 하는 것은 바람직하지 않다고 생각했다. 따라서 정도전은 왕이 직접 정치를 주도하는 육조 직계제보다 의정부를 중심으로 운영하는 의정부 서사제가 바람직하다고 생각할 것이다.

★ (가)의 내용: 신하들이 왕이 육조에 바로 명령을 내리는 업무 방식에 불만을 가짐.

★ (나)의 내용

　1문단: 정도전이 신하의 대표인 재상이 정치를 주도해야 한다고 강조함.

　2문단: 능력에 관계없이 출생에 따라 왕이 되기에 왕이 직접 정치를 하지 말아야 한다고 함.

01 육조 직계제는 6조에서 의정부를 거치지 않

고 직접 왕에게 업무를 보고하는 제도야. 왕이 직접 모든 업무를 보고 받고 일을 처리하기 때문에 왕의 권한이 강한 반면 재상들은 부수적인 업무만 맡게 되어 권한이 작았지. 하지만 의정부 서사제에서는 재상들이 6조로부터 업무를 보고 받고 모든 나랏일을 도맡아 검토하기 때문에 재상들의 권한이 컸어.

02 정도전은 신하들의 대표인 재상이 정치를 주도해야 한다고 생각했어. 왕은 왕의 자식으로 태어나기만 하면 능력이나 성품에 관계없이 왕이 될 수 있지만, 재상들은 신하들 가운데서도 가장 뛰어나고 일을 잘 하는 사람이 되는 것이기 때문이지. 그러므로 정도전은 왕이 모든 나랏일을 직접 관리해야 한다고 생각하지 않았을 거야.

03 **글쓰기 TIP** (나)에서 정도전의 생각을 알 수 있어. 그의 주장을 찾고, 근거를 써 보자.

주장: 정도전은 의정부 서사제의 시행을 주장할 것이다.

근거

① 신하들은 시험을 거쳐 벼슬길에 나서므로 우수하며, 신하들 중 가장 뛰어난 사람이 재상이 된다.

② 왕은 능력이나 성품에 관계없이 왕이 되기 때문에 아둔하거나 포악할 수 있다.

결론: 따라서 정도전은 재상이 중심이 되는 의정부 서사제가 실시되어야 한다고 생각했을 것이다.

한국사능력검정시험 기출 문제

102~103쪽

01 ①	02 ②	03 ③	04 ④
05 ②	06 ③	07 ③	08 ③

01 이성계는 요동을 공격하러 가던 중 압록강의 위화도에서 군사를 돌려 권력을 장악했어. 이성계는 신진 사대부들과 손잡고 과전법을 제정하여 토지 제도를 개혁했지. 정몽주 등 반대 세력을 제거한 이성계는 마침내 왕이 되어 조선을 건국했어.

02 조선 건국의 중심 세력은 신진 사대부였어. 정도전, 조준, 남은 등이 대표적이었지.

03 조선 건국 과정에서 과전법을 주장하고 한양 도성을 설계했던 사람은 정도전이야. 『조선경국전』은 정도전이 지어서 태조 이성계에게 바친 법전이야. ① 문익점은 원나라에 사신으로 갔다가 목화씨를 가지고 고려에 돌아왔어. ② 이규보는 『동명왕편』을 지은 무신 정권기의 문인이야. ④ 최치원은 신라 후기의 문신이야.

04 이방원과 정치적으로 대립하였고, 단심가를 지은 건 정몽주야. 정몽주는 조선 건국을 반대하다 이방원의 부하에게 죽임을 당하였지. ① 4군 6진을 개척하여 영토를 넓힌 건 세종 대의 일이야. ② 정도전은 불씨잡변이란 책을 지어 불교를 비판했어. ③ 조선 후기에 최제우는 동학을 창시하였어.

05 조선 왕실의 건물들 중 역대 왕과 왕비의 신주를 모신 곳은 종묘야. 조선 시대에 가장 중요한 장소들 중 하나였지. ① 사직단은 토지와 곡식의 신에게 제사를 지내던 곳이야. ③ 명동 성당은 대한제국 시기에 지어진 천주교 성당이야. 서울 명동에 위치하고 있어. ④ 성균관은 조선 시대 최고의 교육기관이야.

06 토지와 곡식의 신에게 제사를 지내던 조선 시대의 유적은 사직단이야. 종묘와 함께 왕조를 상징하는 공간이었지. ② 보신각은 한양 도성에 시간을 알려주던 종이 있던 장소야. ④ 환구단은 하늘의 신에게 제사를 지내던 장소야. 조선 고종은 환구단에서 제사를 지내고 대한제국 황제의 자리에 올랐어.

07 전국을 8도로 나누고 왕족과 공신들의 사병을 없앤 왕은 태종이야. 태종은 인구를 잘 파악하기 위해 호패법을 실시했어. ① 백성들의 세금 부담을 덜어주기 위해 균역법을 실시한 왕은 영조야. ② 장용영은 정조가 만든 호위 군대야. ④ 훈민정음을 창제한 왕은 세종이야.

08 조선 시대에 16세 이상의 남자가 차고 다니던 신분증은 호패라고 불렀어. 호패법을 실시하면서 군대나 노동력을 동원하기도 쉬워졌고, 세금도 더 쉽게 거둘 수 있었어. ① 교지는 왕이 신하에게 관직, 노비 등을 내려 주는 문서를 말해. ② 족보는 한 가문의 계통과 혈통 관계를 적어 기록한 책이야. ④ 공명첩은 이름 적는 난이 비어져 있는 관직 임명장이야. 상민이 공명첩을 사면 양반 행세를 할 수 있었지.

3-2 세종 대의 문화와 과학

STEP 1 ★ 키워드 확인하기   105쪽

⑦ 4군 6진   ① 집현전   ⓒ 농사직설
② 측우기   ⑩ 훈민정음

STEP 2 ★ 핵심 문제 풀기   106~108쪽

01 ③   **02** (1) ⑦ 4군 ① 6진 (2) ③   **03** (1) ⑦
혼천의 ① 별자리 (2) ⑦ 측우기 ① 비 (3) ⑦ 앙
부일구 ① 해시계 (4) ⑦ 자격루 ① 물시계   **04**
집현전   **05** (1) ⑦ 훈민정음 (2) 예 우리말에
맞는 우리 글자가 필요하다고 생각하여

01 별무반을 보내 여진을 정벌한 것은 고려 시대
의 일이야. 세종은 최윤덕과 김종서를 보내 4
군 6진을 설치했어. ① 조선은 명나라에 정기
적으로 사신을 보내고, 그밖에도 특정 사건에
대해 보고한다든가 특별한 요청을 한다는 핑
계로 몇 번이나 사신을 더 보냈지. ④ 상왕으
로 물러난 태종은 이종무를 보내 왜구의 근
거지인 쓰시마섬을 정벌하게 했어.

02 (1) 세종은 압록강 상류 지역인 ⑦에 최윤덕
을 보내 4군을, 두만강 일대인 ①으로 김종서
를 보내 6진을 설치하게 했어. (2) 세종 때 4군
6진을 설치하면서 압록강과 두만강을 경계로
하는 국경선이 만들어졌어.

03 (1) 해와 달, 별의 움직임을 관찰할 수 있는 별
자리 측량 기구인 혼천의야. (2) 비가 내린 양

을 측정할 수 있는 측우기야. (3) 해의 그림자
에 따라 그림자로 시각을 알 수 있는 해시계
인 앙부일구야. (4) 자동으로 종이나 북을 쳐
시간을 알리는 물시계인 자격루야.

04 세종은 국립 학문 연구소라고 할 수 있는 집
현전을 만들었어. 학자들은 이곳에 모여 학문
을 연구하고 그 결과를 책으로 펴냈어.

05 세종은 백성들이 글을 몰라 어려움을 겪자
우리말에 맞는 우리의 글자가 필요하다고 생
각했어. 세종은 여러 나라의 문자를 참고하여
훈민정음, 즉 한글을 창제했지. 백성들이 쉽
고 편하게 우리글을 쓰고, 자신의 뜻도 잘 전
달할 수 있게 되었어. 10월 9일 한글날은 세종
이 훈민정음을 만든 것을 기념하는 날이야.

STEP 3 ★ 생각하며 글쓰기   109~111쪽

01 ⑦ 역사적 사실을 후손에게 기록으로 남겨
주기 위해 ① 왕이라 할지라도 함부로 내용
을 보거나 수정할 수 없었다.

02 ②, ③

03 예 김일손의 사초를 모두 가져오게 한 연
산군의 행동은 잘못되었다. 사초는 왕이
라고 하더라도 함부로 볼 수 없는 것이다.
왕이 사초를 보게 된다면 사관들이 왕의 눈
치를 봐서 역사를 올바르게 기록하지 않을
수 있기 때문이다. 또한 연산군이 사초를 본
다면 그 이후의 왕들도 연산군처럼 사초를
보려 할 수 있어 후대에도 좋지 않은 영향을
끼칠 수 있다. 마지막으로, 왕이 사초를 보
았을 때 거슬리는 내용이 있다면 그 내용을

기록한 사관들이 피해를 입을 수도 있다. 실제로 연산군은 김일손의 사초에서 김종직의 글을 보고, 김종직과 관련된 선비들을 죽이거나 쫓아냈다. 따라서 사초를 가져오게 한 연산군의 행동은 옳지 않다.

★ (가)의 내용: 『조선왕조실록』의 구성, 편찬 이유, 특징.
　　1문단: 『조선왕조실록』의 구성.
　　2문단: 『조선왕조실록』은 역사적 사실을 후손에게 기록으로 알려주기 위해 만들어짐. 사관이 왕을 따라다니며 사초를 작성했음.
　　3, 4문단: 실록과 사초는 함부로 볼 수 없었음.
　　5문단: 『조선왕조실록』은 유네스코 세계 기록 유산으로 등재됨.

★ (나)의 내용: 조선의 왕들은 사관의 눈을 두려워했고, 실록을 함부로 볼 수 없었음.
　　1문단: 태종이 사관의 눈을 두려워함.
　　2문단: 세종이 실록을 보려고 하자 신하들이 만류함.

01 (가)에 나타난 『조선왕조실록』의 구성, 편찬 이유와 특징을 정리해 보자.
　　(1) 구성: 태종부터 철종까지의 실록
　　(2) 만든 까닭: 역사적 사실을 후손에게 기록으로 남겨주기 위해
　　(3) 특징: ① 사관이 왕을 따라다니며 주변의 일을 기록한 사초를 가지고 만들었다. ② 왕이라 할지라도 함부로 내용을 보거나 수정할 수 없었다. ③ 1997년 유네스코 세계 기록 유

산에 등재되었다.

02 (나)에 나타난 『태종실록』과 『세종실록』의 내용을 바탕으로 문제를 풀어 보자. 『태종실록』에서 태종은 자신이 말에서 떨어진 사실을 사관이 알지 못하게 하라고 했어. 하지만 결국 사관에 의해 기록되었지. 이를 통해 사관이 왕과 관련된 일을 낱낱이 기록했음을 알 수 있어. 한편 세종은 『태종실록』을 보려고 했지만 신하들의 반대로 볼 수 없었어. 이를 통해 실록은 왕이라고 할지라도 함부로 볼 수 없었음을 알 수 있지.

03 　글쓰기 TIP　 (가), (나)에 나타난 실록의 특징을 바탕으로 연산군을 비판하는 글을 써 보자. 주장과 그 근거를 찾아 써 보자.
주장: 김일손의 사초를 모두 가져오게 한 연산군의 행동은 잘못되었다.
근거
① 왕이 사초를 보게 된다면 사관들이 역사를 올바르게 기록하지 않을 수 있다.
② 연산군이 사초를 본다면 그 이후의 왕들도 연산군처럼 사초를 보려 할 수 있어 후대에도 좋지 않은 영향을 끼칠 수 있다.
③ 왕이 사초를 보았을 때 거슬리는 내용이 있다면 그 내용을 기록한 사관들이 피해를 입을 수 있다.
사례: 연산군은 김일손의 사초에서 김종직의 글을 보고, 김종직과 관련된 선비들을 죽이거나 쫓아냈다(무오사화에 대한 설명).
결론: 사초를 가져오게 한 연산군의 행동은 옳지 않다.

한국사능력검정시험 기출 문제

112~113쪽

01 ①	02 ②	03 ③	04 ③
05 ④	06 ①	07 ③	08 ④

01 세종 때 김종서와 최윤덕은 압록강과 두만강의 여진족을 몰아내고 4군 6진을 설치했어. 그 결과 조선의 국경선은 (가)의 압록강과 두만강까지 확장될 수 있었지. ② (나)는 고려 공민왕 때 원나라로부터 되찾은 철령 이북의 땅을 표시하는 국경선이야. ③ (다)는 강동 6주를 얻기 전 고려 초기의 국경선이야. ④ (라)는 통일 신라의 국경선이야.

02 세종은 조선의 상황에 맞는 농사법을 모은 책인 『농사직설』을 편찬했어. ① 정조는 규장각을 설치해 젊은 학자들을 키워 냈어. ③ 『경국대전』은 조선 최고의 법전이야. 세조 때 편찬하기 시작해 성종 때 완성되었어. ④ 백두산정계비는 조선과 청이 국경선을 표시하기 위해 세운 비석이야. 숙종 때 세워졌어.

03 집현전은 고려 말에 세워진 학문 연구 기관이었어. 정인지, 신숙주, 성삼문 등 많은 학자들이 이곳에서 활약했어. 하지만 세조 때 폐지되고 말았지.

04 백성들이 유교 윤리를 쉽게 알 수 있도록 글과 그림으로 우리나라와 중국의 모범 사례들을 설명한 책은 『삼강행실도』야. 세종 때 편찬되었지. ② 『악학궤범』은 성종 때 조선의 악보들을 모아 편찬한 책이야. ④ 『국조오례의』는 다섯 가지 중요한 예법의 절차 등을 그림과 함께 정리한 책이야.

05 「혼일강리역대국도지도」에 대한 설명이야. 이 지도는 지금까지 전하는 동양의 세계 지도 가운데 가장 오래되었어. ① 「대동여지도」는 조선 후기에 김정호가 제작한 한국 지도야. ② 「동국대지도」는 영조 때 정상기가 만든 우리나라 지도야. ③ 「곤여 만국 전도」는 이탈리아 선교사인 마테오 리치가 북경에서 만든 세계 지도를 바탕으로 지명을 한문으로 번역해 만들었어.

06 노비 출신이었지만 혼천의와 자격루 등 다양한 기구의 제작에 참여해 조선의 기술 발전에 기여했던 인물은 장영실이야. ④ 홍대용은 조선 후기의 실학자야. 서양 과학을 배워 지구가 돈다고 주장했어.

07 비가 내린 양을 측정하는 기구는 측우기야. ① 기중기는 무기오 물건을 들어 올릴 때 사용되었지. ② 자격루는 일정 시간이 지나면 자동으로 종이나 북 등을 쳐 시간을 알려 주는 물시계야.

08 그림자로 시간을 알려주는 도구는 앙부일구야. 앙부일구로 동지나 하지와 같은 절기도 알 수 있었지. ① 자명종은 서양에서 처음 만들어져 17세기에 우리나라로 들어왔어.

3-3 조선 전기의 정치와 사회

STEP 1 ★ 키워드 확인하기　　115쪽

> ㉠ 경국대전　㉡ 사림　㉢ 서원　㉣ 유교
> ㉤ 양반

STEP 2 ★ 핵심 문제 풀기　　116~118쪽

> **01** ①　　**02** 성종　　**03** (1) 무오　(2) 갑자　(3) 조광조　(4) 윤원형　　**04** ㉠ 서원　㉡ 소수 서원
> **05** ㉢, 한편 지방에서는 사림의 주도로 향약을 만들어　　**06** (1) 양반 (2) 중인 (3) 상민 (4) 천민

01 (가)에 들어갈 왕은 세조야. 세조는 태종이 시행했다가 세종 대에 폐지된 정책들을 다시 끄집어냈어. 대표적으로 호패법을 다시 시행했지.

02 조선 최고의 법전인 『경국대전』은 세조 때 만들기 시작해서 성종 때 완성되어 반포되었어.

03 (1) 연산군은 김종직이 쓴 조의제문이 자신의 증조할아버지인 세조를 비난한 글이라 주장하며 김종직과 관련된 많은 선비들을 죽이거나 쫓아냈어. 이 사건이 무오년에 일어났다고 해서 무오사화라고 불러. (2) 연산군은 자신의 어머니가 억울하게 죽었다고 생각해서 어머니의 죽음과 관련된 신하들을 처벌했어. 갑자사화야. (3) 조광조의 개혁이 급진적이라고 생각하던 고위 대신들은 조광조를 헐뜯었어.

중종도 이에 동조해 조광조와 그를 따르던 사림들을 조정에서 쫓아내 버렸지. 기묘사화야. (4) 명종의 어머니인 문정 왕후와 명종의 외삼촌인 윤원형이 반대파들을 대거 숙청한 사건은 을사사화야.

04 조선 시대의 사립 교육 기관으로, 선비들이 모여 성리학을 공부하고 성리학에서 모시는 옛 성현들에게 제사도 지냈던 곳은 서원이야. 조선 최초의 서원은 중종 대에 주세붕이 세운 백운동 서원이었어. 명종은 백운동 서원에 '소수 서원'이라는 이름을 새긴 현판과 책, 토지, 노비 등을 내려 주었지.

05 사림들은 지방 사회에서 유교 문화를 보급하려고 힘썼어. 사림들은 서원과 더불어 향약을 만들어 사회 질서를 바로잡으려고 했지.

06 (1) 조선 시대의 지배층은 양반이라고 불렀어. 양반들은 과거 시험에 합격해 관리가 되기 위해 글공부를 했지. (2) 기술직 관리나 지방의 하급 관리가 되었던 사람들은 중인이야. 양반과 상민의 중간 계층이었지. (3) 일반 백성으로 농민이나 상인, 수공업자였던 사람들은 상민이야. (4) 최하층 신분으로, 대부분 노비였던 사람들은 천민이야.

STEP 3 ★ 생각하며 글쓰기　　119~121쪽

> **01** ㉠ 중국의 「여씨향약」에서 시작됨. ㉡ 중종 때 조광조와 김안국이 한글로 번역하여 향촌에 널리 보급함. 이후 이황과 이이가 「여씨향

약」을 우리 향촌에 맞게 만들어 널리 퍼뜨림. ⓒ 향촌 사회에서 사림의 영향력이 점점 커졌고, 향촌에서 유교적 질서가 확산됨.

02 ③

03 〔예〕 5학년 2반 향약

친구들끼리 착한 일을 서로 권한다.
친구의 잘못된 행동은 꼭 바로잡아준다.
친구들 사이에는 서로 예의를 지킨다.
친구에게 어려운 일이 생기면 도와준다.

★ (가)의 내용: 조선에서 향약의 보급과 영향.
　　1문단: 향약의 의미
　　2문단: 향약은 중국의 「여씨향약」에서 시작되었음. 중종 때 조광조와 김안국이 한글로 번역하여 향촌에 널리 보급함.
　　3문단: 이황과 이이가 「여씨향약」을 우리 향촌에 맞게 바꾸어 퍼뜨림.
　　4문단: 향촌 사회에서 사림의 영향력이 커지고 유교적 질서가 확산됨.

★ (나)의 내용: 양반들이 「여씨향약」을 널리 알리려 함.

01 (가)에 나타난 향약의 의미, 유래, 보급, 사림의 역할, 영향 등을 정리해 보자.
　① 향약의 의미: 향촌 자치 규약.
　② 향약의 유래: 향약은 북송 학자인 여씨와 그의 형제들이 일가친척과 마을 사람들을 가르치고 이끌기 위해 만든 「여씨향약」에서 시작되었다.
　③ 향약의 보급: 중종 때 조광조와 김안국이 한글로 번역하여 향촌에 널리 보급했다. 이후 이황과 이이가 「여씨향약」을 우리 향촌에 맞게 바꾼 향약을 만들어 널리 퍼뜨렸다.

　④ 사림의 역할: 향약을 잘 지킨 사람에게는 상을 주고, 안 지킨 사람에게는 벌을 주었다.
　⑤ 향약의 영향: 향촌 사회에서 사림의 영향력이 점점 커졌고, 향촌에서 유교적 질서가 확산되었다.

02 「여씨향약」에는 잘못된 것은 서로 규제한다는 '과실상규'의 덕목이 있어. 따라서 남의 물건을 훔친 친구를 감싸 준 왕수재의 행동은 「여씨향약」의 덕목과 거리가 멀어.

03 **글쓰기 TIP** (나)에 나타난 「여씨향약」의 덕목들을 바탕으로 우리 반을 위한 향약을 만들어보자. 먼저 「여씨향약」의 덕목들은 다음과 같아. 친구들 사이에 지켜야 할 약속을 만들어 보자.
　① 덕업상권: 착한 일은 서로 권한다.
　② 과실상규: 잘못된 것은 서로 규제한다.
　③ 예속상규: 예의로 서로 사귄다.
　④ 환난상휼: 어려운 일은 서로 돕는다.

한국사능력검정시험 기출 문제

01 ②	02 ②	03 ③	04 ①
05 ④	06 ②	07 ④	08 ④

01 세조는 왕권을 강화하기 위해 행정 부서인 6조에서 모든 업무를 왕에게 직접 보고하도록 했어. ① 공인은 궁궐이나 관청에서 필요한 물품들을 구입하는 상인들이었어. 대동법의 시행으로 각 지역의 백성들이 특산품을 세금으

로 낼 필요가 없어지자 나라에서는 공인들을 고용해 특산품을 구입하도록 했지. ④ 붕당 간 대립을 극복하기 위해 실시된 정책은 탕평책이야.

02 세조 때부터 편찬하기 시작하여 성종 때 완성한 조선의 기본 법전은 『경국대전』이야. ①『속대전』은 조선 영조 때 편찬한 법전이야. ③『삼강행실도』는 백성들이 유교 윤리를 알기 쉽도록 모범 사례들을 글과 그림으로 설명한 책이야. ④『직지심체요절』은 현재 남아 있는 책들 중 금속 활자로 찍어낸 가장 오래된 책이야.

03 김종직과 그 제자들이 중심이 된 세력으로, 여러 차례의 사화를 겪은 사람들은 사림이야. 사림은 주로 삼사의 언관직에 진출하여 공신세력인 훈구파를 비판했어. ① 친원 세력으로 대농장을 소유했던 사람들은 권문세족이야. ④ 성주 또는 장군이라 칭하며 지방을 지배했던 사람들은 신라 말의 호족이야.

04 조광조는 중종의 신임을 받아 개혁을 추진했어. 하지만 그 과정에서 고위 대신들의 미움을 사 역모 사건에 휘말려 쫓겨났지. 결국 중종은 조광조에게 사약을 내렸어. 이 때 조광조를 비롯한 많은 사람들이 피해를 입었는데, 이 사건을 기묘사화라고 해.

05 선조 대에 사림들은 이조 전랑 자리를 두고 두 파로 갈라져서 서로 다투었지. 이조 전랑은 높은 벼슬은 아니었지만 3사의 관리를 임명하고 자신의 후임을 정할 수 있는 중요한 자리였어. 그 결과 사람들은 동인과 서인으로 나뉘었어.

06 조선 시대에 의관, 역관, 서리, 향리 등이 포함된 신분은 중인이야. 중인은 전문적인 지식을 갖고 잡과에 응시해 기술직 관리나 지방의 하급 관리가 되었어. 중인은 양반들만큼 대우받지는 못했지만 자신의 능력을 발휘해 경제적인 부를 쌓을 수 있었지.

07 조선 시대에 주인에게 예속되어 살아갔던 사람들은 노비야. 노비들은 재산처럼 여겨져 사고 팔리기도 했어. ① 조선 시대에 과거 시험은 법적으로 양인 이상이면 누구나 볼 수 있었어. 하지만 실제로 과거 시험을 볼 수 있었던 사람들은 소수의 양반에 한정되어 있었지. ② 양인 이상이면 누구나 향교에 입학하여 공부할 수 있었어. 하지만 천민이었던 노비는 입학할 수 없었지. ③ 의관이나 역관 등 전문직에 종사했던 사람들은 중인이야.

08 양반집 자제들은 말판에 관직명을 써 놓고 윷목을 굴려 나온 숫자에 따라 말을 이동시키는 놀이인 승경도놀이를 즐겼어. 높은 관리가 되고 싶은 당시 양반들의 바람이 담겨 있지. ① 윷놀이는 4개의 윷가락을 던져 나온 결과대로 말을 움직여 승부를 겨루는 놀이야. ② 고누놀이는 두 사람이 말판에 말을 벌여 놓고 상대방의 집을 차지하면서 겨루는 놀이야. ③ 칠교놀이는 7개의 조각으로 이루어진 정사각형의 도형을 이리저리 움직여 여러 가지 모양을 만드는 놀이야.

3-4 임진왜란과 병자호란

STEP 1 ★ 키워드 확인하기   125쪽

㉠ 임진왜란   ㉡ 이순신   ㉢ 의병   ㉣ 광해군
㉤ 병자호란

STEP 2 ★ 핵심 문제 풀기   126~128쪽

01 ④   **02** ㉠ 선조 ㉡ 이순신 ㉢ 도요토미 히데요시   **03** ㉠ 이여송 ㉡ 권율 ㉢ 신립 ㉣ 이순신 ㉤ 김시민·곽재우   **04** ㉠ 일본 ㉡ 명나라 ㉢ 여진족   **05** (나)-(라)-(가)   **06** ㉠ 항복하여 훗날을 기약해야 합니다 ㉡ 죽을지라도 끝까지 싸워야 합니다

01 일본에 사신으로 가서 도요토미 히데요시를 만나고 돌아온 김성일과 황윤길은 전혀 다른 결론을 가지고 왔지. 황윤길은 도요토미 히데요시가 위험한 인물로 곧 전쟁이 일으킬 것이라고 생각했어. 김성일은 도요토미 히데요시가 허풍만 부리고 별 볼 일 없는 사람이라고 판단했지.

02 ㉠ 선조는 신립이 충주에서 패배하자 한양을 떠나 피란을 가기로 결심했어. ㉡ 임진왜란 때 수군을 이끌고 일본 수군을 연이어 격파한 장수는 이순신이야. 이여송은 명나라의 장군이지. ㉢ 임진왜란을 일으킨 도요토미 히데요시가 죽자 일본군이 철수해서 전쟁이 끝났어. 이후 일본에서는 도쿠가와 이에야스가 권력

을 잡았지.

03 ㉠ 이여송이 이끄는 명나라 군대는 평양 전투에서 일본군에 대승을 거두었지. ㉡ 권율은 행주산성에 진을 치고 일본군과 맞섰어. ㉢ 선조는 신립을 충주로 보내 일본군을 막게 했어. 신립은 탄금대에서 배수의 진을 치고 싸웠지만 패배했어. ㉣ 이순신은 일본 수군을 한산도 앞바다로 유인한 뒤 학익진 전략을 펴 일본 수군에 대승을 거두었어. ㉤ 곽재우는 진주성에서 김시민이 이끄는 관군과 연합해 일본군과 맞서 싸웠어.

04 ㉠ 임진왜란이 끝나자 일본에서는 도쿠가와 이에야스가 권력을 잡고 정권을 세웠어. ㉡ 명나라는 조선을 도와주느라 국력이 많이 약해졌어. ㉢ 명나라가 힘이 약해진 사이에 만주의 여진족이 힘을 키워 후금을 세웠어.

05 광해군은 후금과 명나라 사이에서 중립 외교를 펼쳐 실리를 챙기려고 했어. 하지만 명나라와의 의리를 중시한 신하들은 광해군의 외교 정책을 비판했지. 게다가 광해군이 영창 대군을 죽게 하고, 그의 어머니인 인목 대비를 내쫓자 서인을 중심으로 신하들이 광해군을 쫓아내고 인조를 왕으로 세웠어. 조선이 명나라와 친하게 지내자 후금은 조선에 쳐들어왔어. 후금이 형, 조선이 아우가 되는 강화를 맺고 돌아갔어. 이후 후금은 나라 이름을 청으로 바꾸고 황제의 나라임을 선포했어. 조선이 이를 인정하지 않자 청나라 황제 태종은 병자호란을 일으켰어. 인조는 남한산성으로 피란했지만 결국 항복하고 말았지.

06 청나라 군대는 남한산성을 포위하고 조선에 항복을 요구해왔어. 남한산성 안에서 조선의 신하들은 의견이 엇갈렸지. 최명길은 나라를 지키기 위해 항복해야 한다고 주장했어. 반면 김상헌은 맞서 싸워야 한다고 주장했지.

STEP 3 ★ 생각하며 글쓰기

01 ① 병사 ② 임진왜란 ③ 일본 ④ 명나라, 후금 ⑤ 후금

02 ④

03 📝 조선은 명나라를 도와줄 수 없을 것 같습니다.

첫째로, 조선은 명나라와 달리 직업 군인을 두지 않아 급하게 군사를 모으기 어렵습니다. 제대로 훈련받지 못한 병사들을 급하게 모아 보낸다면 오히려 명나라 군대에 방해만 될 것입니다.

둘째로, 조선은 아직 왜란 때 입은 피해를 완전히 복구하지 못했습니다. 따라서 조선 정부는 군대를 보내기 위해 필요한 경비를 마련하기 어렵습니다.

셋째로, 조선이 후금과 싸우기 위해 많은 군대를 보낸다면 일본이 그 틈을 노려 다시 조선에 쳐들어올 수도 있습니다. 조선이 일본과 또 다시 싸우는 것은 명나라에도 좋지 않을 것입니다.

그러므로 조선은 명나라를 돕기 어렵습니다.

★ (가)의 내용: 명나라를 도와야 한다고 주장하는 신하들과 명나라를 돕기 어렵다고 말하는 광해군.

★ (나)의 내용: 광해군이 명나라를 돕는 문제를 고민함.

1문단: 명나라는 약해지고 후금은 강해지고 있음. 명나라를 돕는다면 조선의 군사들만 다칠 가능성이 높음.

2문단: 후금이 조선에 쳐들어올 가능성이 있음.

01 (가), (나)를 읽고 광해군이 명나라를 돕는 것을 망설이는 이유들을 정리할 수 있어.

02 광해군은 명나라와 함께 싸우더라도 후금을 쉽게 이길 수 없을 것이라고 판단했어.

03 **글쓰기 TIP** (가), (나)에 나타난 '명나라를 돕기 어려운 이유'들을 중심으로 명나라의 도움 요청을 거절하는 글을 써 보자. 광해군이 생각한 명나라를 돕기 어려운 이유들 중 'ⓜ 명나라는 약해지고 있고, 후금은 강해지고 있다.' 이유는 명나라의 기분을 상하게 할 수 있어. 또한 'ⓗ 후금과 싸우면 조선의 군사들이 큰 피해를 입을 것이다.', 'ⓢ 후금이 조선을 공격해오면 막을 수 없을 것이다.' 등은 조선의 문제이기 때문에 명나라의 입장에서는 고려할 필요가 없지. 이들을 제외하고 나머지 이유들을 중심으로 글을 써 보자.

주장: 조선은 명나라를 도와줄 수 없다.

근거

① 조선에는 직업군인이 없어 갑자기 군대를 모으기 어렵다.

② 병사들이 훈련받지 않아 제대로 싸우기 어렵다.

③ 임진왜란 때 입은 피해를 회복하지 못해 군사를 보내는 데 필요한 비용을 부담하기 어렵다.

④ 후금과 싸우고 있는 동안 일본이 쳐들어
올 수도 있다.

결론: 조선은 명나라를 돕기 어렵다.

한국사능력검정시험 기출 문제
132~133쪽

01 ④	**02** ③	**03** ①	**04** ②
05 ③	**06** ③	**07** ①	**08** ③

01 임진왜란 때 조선 수군이 학익진 전법으로 일본군을 크게 무찌른 전투는 한산도 대첩이야. ③ 청산리 대첩은 김좌진 장군을 비롯한 독립군이 일본군에 크게 승리한 전투야.

02 임진왜란 당시 일본군이 진주성을 공격해 오자 병사와 백성들을 이끌고 성을 지킨 장수는 김시민이야.

03 이순신, 유성룡, 사명대사 등이 활약한 전쟁은 임진왜란이야.

04 일본군이 쳐들어오자 선조는 신립 장군을 충주로 보내 일본군의 진격을 막게 했어. 하지만 실패하고 일본군은 한양까지 올라왔어. 권율은 조선의 의병과 함께 행주산성에서 일본군과 맞서 싸워 큰 승리를 거두었어. 명나라와 일본의 협상이 결렬되자 일본은 또 쳐들어왔어. 이순신은 울돌목(명량)의 특성을 이용해 일본군을 격파했지.

05 선조는 임진왜란이 일어나자 명나라에 구원병을 요청했어. 명나라 군대와 조선군은 힘을 합쳐 일본군에게 빼앗긴 평양성을 되찾았어. 지문은 당시의 상황을 말해주고 있어. 이후 명나라와 일본은 협상을 시도했지만 결렬되었어. 그러자 일본군이 다시 군사를 모아 쳐들어왔는데, 이를 정유재란이라고 해. 이때 이순신은 명량 해전에서 일본의 수군을 크게 무찔렀지.

06 선조의 아들로, 명과 후금 사이에서 중립 외교를 펼친 왕은 광해군이야.

07 (가)는 광해군이 강홍립을 명나라에 파견하면서 상황을 적절히 파악하여 행동할 것을 지시하는 내용이야. (나)는 병자호란 당시 남한산성에서 항복한 인조가 청나라 황제에게 예를 갖추는 장면을 묘사한 것이지. (가)와 (나) 사이의 시기에 광해군은 왕위에서 쫓겨나고 인조가 새롭게 왕이 되었는데, 이를 인조반정이라고 해.

08 인조가 남한산성으로 피신하여 항전했던 (가) 전쟁은 병자호란이야. 인조는 남한산성을 나와 삼전도라는 나루터에서 청나라 황제에게 항복의 예를 갖추었어. 청나라 태종은 인조의 항복을 받은 것을 기념하기 위해 삼전도비를 세웠지.